Datum: .... *Hund:* .... *Ort:* ....

Uhrzeit: .... Trainingsdauer: .... Min. ☐ innen ☐ außen

Tempertur: .... Aufwärmen: .... ☐ Alleine ☐ Hundeschule

Wetter: Sonnig   Regnerisch   Windig   Schnee

Tagesform Hund:

	Start	Während Training	Am Ende
Aufregung	☺ 😐 ☹	☺ 😐 ☹	☺ 😐 ☹
Motivation	☺ 😐 ☹	☺ 😐 ☹	☺ 😐 ☹
Konzentration	☺ 😐 ☹	☺ 😐 ☹	☺ 😐 ☹

Tagesform Mensch

	Start	Während Training	Am Ende
Verfassung	☺ 😐 ☹	☺ 😐 ☹	☺ 😐 ☹
Motivation	☺ 😐 ☹	☺ 😐 ☹	☺ 😐 ☹
Konzentration	☺ 😐 ☹	☺ 😐 ☹	☺ 😐 ☹

Ablenkungen / Störungen:
....
....

Requisiten / Spielzeug:
....
....

Markersignal: ☐ Clicker   ☐ Markerwort

Belohnungen
....
....

Training erfolgreich?   ☺   😐   ☹

Datum: .... Hund: .... Ort: ....

Uhrzeit: .... Trainingsdauer: .... Min. ☐ innen ☐ außen

Tempertur: .... Aufwärmen: .... ☐ Alleine ☐ Hundeschule

Wetter: Sonnig   Regnerisch   Windig   Schnee

Tagesform Hund:	Start	Während Training	Am Ende
Aufregung	☺ 😐 ☹	☺ 😐 ☹	☺ 😐 ☹
Motivation	☺ 😐 ☹	☺ 😐 ☹	☺ 😐 ☹
Konzentration	☺ 😐 ☹	☺ 😐 ☹	☺ 😐 ☹

Tagesform Mensch			
Verfassung	☺ 😐 ☹	☺ 😐 ☹	☺ 😐 ☹
Motivation	☺ 😐 ☹	☺ 😐 ☹	☺ 😐 ☹
Konzentration	☺ 😐 ☹	☺ 😐 ☹	☺ 😐 ☹

Ablenkungen / Störungen:

Requisiten / Spielzeug:

Markersignal: ☐ Clicker ☐ Markerwort

Belohnungen

Training erfolgreich?   ☺ 😐 ☹

Datum: .... Hund: .... Ort: ....

Uhrzeit: .... Trainingsdauer: .... Min. ☐ innen ☐ außen

Tempertur: .... Aufwärmen: .... ☐ Alleine ☐ Hundeschule

Wetter: Sonnig   Regnerisch   Windig   Schnee

Tagesform Hund:

	Start	Während Training	Am Ende
Aufregung	☺ 😐 ☹	☺ 😐 ☹	☺ 😐 ☹
Motivation	☺ 😐 ☹	☺ 😐 ☹	☺ 😐 ☹
Konzentration	☺ 😐 ☹	☺ 😐 ☹	☺ 😐 ☹

Tagesform Mensch

	Start	Während Training	Am Ende
Verfassung	☺ 😐 ☹	☺ 😐 ☹	☺ 😐 ☹
Motivation	☺ 😐 ☹	☺ 😐 ☹	☺ 😐 ☹
Konzentration	☺ 😐 ☹	☺ 😐 ☹	☺ 😐 ☹

Ablenkungen / Störungen:
....
....

Requisiten / Spielzeug:
....
....

Markersignal: ☐ Clicker   ☐ Markerwort

Belohnungen
....
....

Training erfolgreich?   ☺   😐   ☹

Datum: ---------- Hund: ---------- Ort: ----------

Uhrzeit: ---------- Trainingsdauer: ------- Min. ☐ innen ☐ außen

Tempertur: ---------- Aufwärmen: ------- ☐ Alleine ☐ Hundeschule

Wetter: Sonnig Regnerisch Windig Schnee

Tagesform Hund:	Start	Während Training	Am Ende
Aufregung	☺ 😐 ☹	☺ 😐 ☹	☺ 😐 ☹
Motivation	☺ 😐 ☹	☺ 😐 ☹	☺ 😐 ☹
Konzentration	☺ 😐 ☹	☺ 😐 ☹	☺ 😐 ☹

Tagesform Mensch			
Verfassung	☺ 😐 ☹	☺ 😐 ☹	☺ 😐 ☹
Motivation	☺ 😐 ☹	☺ 😐 ☹	☺ 😐 ☹
Konzentration	☺ 😐 ☹	☺ 😐 ☹	☺ 😐 ☹

Ablenkungen / Störungen:

Requisiten / Spielzeug:

Markersignal: ☐ Clicker   ☐ Markerwort

Belohnungen

Training erfolgreich?   ☺ 😐 ☹

Datum: .... Hund: .... Ort: ....

Uhrzeit: .... Trainingsdauer: .... Min.   ☐ innen ☐ außen

Tempertur: .... Aufwärmen: .... ☐ Alleine ☐ Hundeschule

Wetter: Sonnig   Regnerisch   Windig   Schnee

Tagesform Hund;	Start	Während Training	Am Ende
Aufregung	☺ 😐 ☹	☺ 😐 ☹	☺ 😐 ☹
Motivation	☺ 😐 ☹	☺ 😐 ☹	☺ 😐 ☹
Konzentration	☺ 😐 ☹	☺ 😐 ☹	☺ 😐 ☹

Tagesform Mensch			
Verfassung	☺ 😐 ☹	☺ 😐 ☹	☺ 😐 ☹
Motivation	☺ 😐 ☹	☺ 😐 ☹	☺ 😐 ☹
Konzentration	☺ 😐 ☹	☺ 😐 ☹	☺ 😐 ☹

Ablenkungen / Störungen:

Requisiten / Spielzeug:

Markersignal: ☐ Clicker   ☐ Markerwort

Belohnungen

Training erfolgreich?   ☺ 😐 ☹

Datum: .... Hund: .... Ort: ....

Uhrzeit: .... Trainingsdauer: .... Min. ☐ innen ☐ außen

Tempertur: .... Aufwärmen: .... ☐ Alleine ☐ Hundeschule

Wetter:　　　　Sonnig　　　　　Regnerisch　　　　Windig　　　　Schnee

Tagesform Hund:

	Start	Während Training	Am Ende
Aufregung	☺ 😐 ☹	☺ 😐 ☹	☺ 😐 ☹
Motivation	☺ 😐 ☹	☺ 😐 ☹	☺ 😐 ☹
Konzentration	☺ 😐 ☹	☺ 😐 ☹	☺ 😐 ☹

Tagesform Mensch

	Start	Während Training	Am Ende
Verfassung	☺ 😐 ☹	☺ 😐 ☹	☺ 😐 ☹
Motivation	☺ 😐 ☹	☺ 😐 ☹	☺ 😐 ☹
Konzentration	☺ 😐 ☹	☺ 😐 ☹	☺ 😐 ☹

Ablenkungen / Störungen:
....
....

Requisiten / Spielzeug:
....
....

Markersignal:　　☐ Clicker　　　☐ Markerwort

Belohnungen
....
....

Training erfolgreich?　　☺　😐　☹

Datum: .... Hund: .... Ort: ....

Uhrzeit: .... Trainingsdauer: .... Min. ☐ innen ☐ außen

Tempertur: .... Aufwärmen: .... ☐ Alleine ☐ Hundeschule

Wetter: Sonnig   Regnerisch   Windig   Schnee

Tagesform Hund;	Start	Während Training	Am Ende
Aufregung	☺ 😐 ☹	☺ 😐 ☹	☺ 😐 ☹
Motivation	☺ 😐 ☹	☺ 😐 ☹	☺ 😐 ☹
Konzentration	☺ 😐 ☹	☺ 😐 ☹	☺ 😐 ☹

Tagesform Mensch			
Verfassung	☺ 😐 ☹	☺ 😐 ☹	☺ 😐 ☹
Motivation	☺ 😐 ☹	☺ 😐 ☹	☺ 😐 ☹
Konzentration	☺ 😐 ☹	☺ 😐 ☹	☺ 😐 ☹

Ablenkungen / Störungen:

Requisiten / Spielzeug:

Markersignal: ☐ Clicker ☐ Markerwort

Belohnungen

Training erfolgreich?   ☺ 😐 ☹

Datum: .... *Hund:* .... *Ort:* ....

Uhrzeit: .... Trainingsdauer: .... Min. ☐ innen ☐ außen

Tempertur: .... Aufwärmen: .... ☐ Alleine ☐ Hundeschule

Wetter: Sonnig   Regnerisch   Windig   Schnee

Tagesform Hund:	Start	Während Training	Am Ende
Aufregung	☺ 😐 ☹	☺ 😐 ☹	☺ 😐 ☹
Motivation	☺ 😐 ☹	☺ 😐 ☹	☺ 😐 ☹
Konzentration	☺ 😐 ☹	☺ 😐 ☹	☺ 😐 ☹

Tagesform Mensch			
Verfassung	☺ 😐 ☹	☺ 😐 ☹	☺ 😐 ☹
Motivation	☺ 😐 ☹	☺ 😐 ☹	☺ 😐 ☹
Konzentration	☺ 😐 ☹	☺ 😐 ☹	☺ 😐 ☹

Ablenkungen / Störungen:

Requisiten / Spielzeug:

Markersignal: ☐ Clicker   ☐ Markerwort

Belohnungen

Training erfolgreich?   ☺ 😐 ☹

Datum: .... Hund: .... Ort: ....

Uhrzeit: .... Trainingsdauer: .... Min. ☐ innen ☐ außen

Tempertur: .... Aufwärmen: .... ☐ Alleine ☐ Hundeschule

Wetter: Sonnig   Regnerisch   Windig   Schnee

Tagesform Hund;

	Start	Während Training	Am Ende
Aufregung	☺ 😐 ☹	☺ 😐 ☹	☺ 😐 ☹
Motivation	☺ 😐 ☹	☺ 😐 ☹	☺ 😐 ☹
Konzentration	☺ 😐 ☹	☺ 😐 ☹	☺ 😐 ☹

Tagesform Mensch

	Start	Während Training	Am Ende
Verfassung	☺ 😐 ☹	☺ 😐 ☹	☺ 😐 ☹
Motivation	☺ 😐 ☹	☺ 😐 ☹	☺ 😐 ☹
Konzentration	☺ 😐 ☹	☺ 😐 ☹	☺ 😐 ☹

Ablenkungen / Störungen:

Requisiten / Spielzeug:

Markersignal: ☐ Clicker   ☐ Markerwort

Belohnungen

Training erfolgreich?   ☺ 😐 ☹

Datum: .... Hund: .... Ort: ....

Uhrzeit: .... Trainingsdauer: .... Min. ☐ innen ☐ außen

Tempertur: .... Aufwärmen: .... ☐ Alleine ☐ Hundeschule

Wetter: Sonnig   Regnerisch   Windig   Schnee

Tagesform Hund:

	Start	Während Training	Am Ende
Aufregung	☺ 😐 ☹	☺ 😐 ☹	☺ 😐 ☹
Motivation	☺ 😐 ☹	☺ 😐 ☹	☺ 😐 ☹
Konzentration	☺ 😐 ☹	☺ 😐 ☹	☺ 😐 ☹

Tagesform Mensch

	Start	Während Training	Am Ende
Verfassung	☺ 😐 ☹	☺ 😐 ☹	☺ 😐 ☹
Motivation	☺ 😐 ☹	☺ 😐 ☹	☺ 😐 ☹
Konzentration	☺ 😐 ☹	☺ 😐 ☹	☺ 😐 ☹

Ablenkungen / Störungen:
....
....

Requisiten / Spielzeug:
....
....

Markersignal: ☐ Clicker ☐ Markerwort

Belohnungen
....
....

Training erfolgreich? ☺ 😐 ☹

Datum: _____ Hund: _____ Ort: _____

Uhrzeit: _____   Trainingsdauer: _____ Min.   ☐ innen ☐ außen

Temperatur: _____   Aufwärmen: _____   ☐ Alleine ☐ Hundeschule

Wetter: Sonnig   Regnerisch   Windig   Schnee

Tagesform Hund:

	Start	Während Training	Am Ende
Aufregung	☺ 😐 ☹	☺ 😐 ☹	☺ 😐 ☹
Motivation	☺ 😐 ☹	☺ 😐 ☹	☺ 😐 ☹
Konzentration	☺ 😐 ☹	☺ 😐 ☹	☺ 😐 ☹

Tagesform Mensch

	Start	Während Training	Am Ende
Verfassung	☺ 😐 ☹	☺ 😐 ☹	☺ 😐 ☹
Motivation	☺ 😐 ☹	☺ 😐 ☹	☺ 😐 ☹
Konzentration	☺ 😐 ☹	☺ 😐 ☹	☺ 😐 ☹

Ablenkungen / Störungen:
_____
_____

Requisiten / Spielzeug:
_____
_____

Markersignal: ☐ Clicker   ☐ Markerwort

Belohnungen
_____
_____

Training erfolgreich?   ☺ 😐 ☹

Datum: _____ Hund: _____ Ort: _____

Uhrzeit: _____ Trainingsdauer: _____ Min. ☐ innen ☐ außen

Tempertur: _____ Aufwärmen: _____ ☐ Alleine ☐ Hundeschule

Wetter: Sonnig   Regnerisch   Windig   Schnee

Tagesform Hund:	Start	Während Training	Am Ende
Aufregung	☺ 😐 ☹	☺ 😐 ☹	☺ 😐 ☹
Motivation	☺ 😐 ☹	☺ 😐 ☹	☺ 😐 ☹
Konzentration	☺ 😐 ☹	☺ 😐 ☹	☺ 😐 ☹

Tagesform Mensch			
Verfassung	☺ 😐 ☹	☺ 😐 ☹	☺ 😐 ☹
Motivation	☺ 😐 ☹	☺ 😐 ☹	☺ 😐 ☹
Konzentration	☺ 😐 ☹	☺ 😐 ☹	☺ 😐 ☹

Ablenkungen / Störungen:
_____
_____

Requisiten / Spielzeug:
_____
_____

Markersignal: ☐ Clicker   ☐ Markerwort

Belohnungen
_____
_____

Training erfolgreich?   ☺ 😐 ☹

Datum: _____ Hund: _____ Ort: _____

Uhrzeit: _____ Trainingsdauer: _____ Min. ☐ innen ☐ außen

Tempertur: _____ Aufwärmen: _____ ☐ Alleine ☐ Hundeschule

Wetter: Sonnig   Regnerisch   Windig   Schnee

Tagesform Hund:

	Start	Während Training	Am Ende
Aufregung	☺ 😐 ☹	☺ 😐 ☹	☺ 😐 ☹
Motivation	☺ 😐 ☹	☺ 😐 ☹	☺ 😐 ☹
Konzentration	☺ 😐 ☹	☺ 😐 ☹	☺ 😐 ☹

Tagesform Mensch

	Start	Während Training	Am Ende
Verfassung	☺ 😐 ☹	☺ 😐 ☹	☺ 😐 ☹
Motivation	☺ 😐 ☹	☺ 😐 ☹	☺ 😐 ☹
Konzentration	☺ 😐 ☹	☺ 😐 ☹	☺ 😐 ☹

Ablenkungen / Störungen:
_____
_____

Requisiten / Spielzeug:
_____
_____

Markersignal: ☐ Clicker   ☐ Markerwort

Belohnungen
_____
_____

Training erfolgreich?   ☺   😐   ☹

Datum: .... *Hund:* .... *Ort:* ....

Uhrzeit: .... Trainingsdauer: .... Min. ☐ innen ☐ außen

Tempertur: .... Aufwärmen: .... ☐ Alleine ☐ Hundeschule

Wetter: Sonnig Regnerisch Windig Schnee

Tagesform Hund;	Start	Während Training	Am Ende
Aufregung	☺ 😐 ☹	☺ 😐 ☹	☺ 😐 ☹
Motivation	☺ 😐 ☹	☺ 😐 ☹	☺ 😐 ☹
Konzentration	☺ 😐 ☹	☺ 😐 ☹	☺ 😐 ☹

Tagesform Mensch			
Verfassung	☺ 😐 ☹	☺ 😐 ☹	☺ 😐 ☹
Motivation	☺ 😐 ☹	☺ 😐 ☹	☺ 😐 ☹
Konzentration	☺ 😐 ☹	☺ 😐 ☹	☺ 😐 ☹

Ablenkungen / Störungen:
....
....

Requisiten / Spielzeug:
....
....

Markersignal: ☐ Clicker ☐ Markerwort

Belohnungen
....
....

Training erfolgreich? ☺ 😐 ☹

Datum: .... Hund: .... Ort: ....

Uhrzeit: .... Trainingsdauer: .... Min. ☐ innen ☐ außen

Tempertur: .... Aufwärmen: .... ☐ Alleine ☐ Hundeschule

Wetter: Sonnig   Regnerisch   Windig   Schnee

Tagesform Hund:	Start	Während Training	Am Ende
Aufregung	☺ 😐 ☹	☺ 😐 ☹	☺ 😐 ☹
Motivation	☺ 😐 ☹	☺ 😐 ☹	☺ 😐 ☹
Konzentration	☺ 😐 ☹	☺ 😐 ☹	☺ 😐 ☹

Tagesform Mensch			
Verfassung	☺ 😐 ☹	☺ 😐 ☹	☺ 😐 ☹
Motivation	☺ 😐 ☹	☺ 😐 ☹	☺ 😐 ☹
Konzentration	☺ 😐 ☹	☺ 😐 ☹	☺ 😐 ☹

Ablenkungen / Störungen:

Requisiten / Spielzeug:

Markersignal: ☐ Clicker   ☐ Markerwort

Belohnungen

Training erfolgreich?   ☺ 😐 ☹

Datum: ----------- Hund: ----------- Ort: -----------

Uhrzeit: ---------- Trainingsdauer: -------- Min. ☐ innen ☐ außen

Tempertur: --------- Aufwärmen: -------- ☐ Alleine ☐ Hundeschule

Wetter: Sonnig Regnerisch Windig Schnee

Tagesform Hund:	Start	Während Training	Am Ende
Aufregung	☺ 😐 ☹	☺ 😐 ☹	☺ 😐 ☹
Motivation	☺ 😐 ☹	☺ 😐 ☹	☺ 😐 ☹
Konzentration	☺ 😐 ☹	☺ 😐 ☹	☺ 😐 ☹

Tagesform Mensch			
Verfassung	☺ 😐 ☹	☺ 😐 ☹	☺ 😐 ☹
Motivation	☺ 😐 ☹	☺ 😐 ☹	☺ 😐 ☹
Konzentration	☺ 😐 ☹	☺ 😐 ☹	☺ 😐 ☹

Ablenkungen / Störungen:

Requisiten / Spielzeug:

Markersignal: ☐ Clicker ☐ Markerwort

Belohnungen

Training erfolgreich? ☺ 😐 ☹

Datum: .... Hund: .... Ort: ....

Uhrzeit: .... Trainingsdauer: .... Min. ☐ innen ☐ außen

Tempertur: .... Aufwärmen: .... ☐ Alleine ☐ Hundeschule

Wetter: Sonnig   Regnerisch   Windig   Schnee

Tagesform Hund;	Start	Während Training	Am Ende
Aufregung	☺ 😐 ☹	☺ 😐 ☹	☺ 😐 ☹
Motivation	☺ 😐 ☹	☺ 😐 ☹	☺ 😐 ☹
Konzentration	☺ 😐 ☹	☺ 😐 ☹	☺ 😐 ☹

Tagesform Mensch			
Verfassung	☺ 😐 ☹	☺ 😐 ☹	☺ 😐 ☹
Motivation	☺ 😐 ☹	☺ 😐 ☹	☺ 😐 ☹
Konzentration	☺ 😐 ☹	☺ 😐 ☹	☺ 😐 ☹

Ablenkungen / Störungen:

Requisiten / Spielzeug:

Markersignal: ☐ Clicker   ☐ Markerwort

Belohnungen

Training erfolgreich?   ☺ 😐 ☹

Datum: .... *Hund:* .... *Ort:* ....

Uhrzeit: .... Trainingsdauer: .... Min. ☐ innen ☐ außen

Tempertur: .... Aufwärmen: .... ☐ Alleine ☐ Hundeschule

Wetter: Sonnig   Regnerisch   Windig   Schnee

Tagesform Hund:	Start	Während Training	Am Ende
Aufregung	☺ 😐 ☹	☺ 😐 ☹	☺ 😐 ☹
Motivation	☺ 😐 ☹	☺ 😐 ☹	☺ 😐 ☹
Konzentration	☺ 😐 ☹	☺ 😐 ☹	☺ 😐 ☹

Tagesform Mensch			
Verfassung	☺ 😐 ☹	☺ 😐 ☹	☺ 😐 ☹
Motivation	☺ 😐 ☹	☺ 😐 ☹	☺ 😐 ☹
Konzentration	☺ 😐 ☹	☺ 😐 ☹	☺ 😐 ☹

Ablenkungen / Störungen:
....
....

Requisiten / Spielzeug:
....
....

Markersignal: ☐ Clicker   ☐ Markerwort

Belohnungen
....
....

Training erfolgreich?   ☺   😐   ☹

Datum: .... Hund: .... Ort: ....

Uhrzeit: .... Trainingsdauer: .... Min. ☐ innen ☐ außen

Tempertur: .... Aufwärmen: .... ☐ Alleine ☐ Hundeschule

Wetter: Sonnig Regnerisch Windig Schnee

Tagesform Hund:	Start	Während Training	Am Ende
Aufregung	☺ 😐 ☹	☺ 😐 ☹	☺ 😐 ☹
Motivation	☺ 😐 ☹	☺ 😐 ☹	☺ 😐 ☹
Konzentration	☺ 😐 ☹	☺ 😐 ☹	☺ 😐 ☹

Tagesform Mensch			
Verfassung	☺ 😐 ☹	☺ 😐 ☹	☺ 😐 ☹
Motivation	☺ 😐 ☹	☺ 😐 ☹	☺ 😐 ☹
Konzentration	☺ 😐 ☹	☺ 😐 ☹	☺ 😐 ☹

Ablenkungen / Störungen:

Requisiten / Spielzeug:

Markersignal: ☐ Clicker ☐ Markerwort

Belohnungen

Training erfolgreich? ☺ 😐 ☹

Datum: ---------- Hund: ---------- Ort: ----------

Uhrzeit: ---------- Trainingsdauer: ------- Min. ☐ innen ☐ außen

Tempertur: ---------- Aufwärmen: ------- ☐ Alleine ☐ Hundeschule

Wetter: Sonnig   Regnerisch   Windig   Schnee

Tagesform Hund:	Start	Während Training	Am Ende
Aufregung	☺ 😐 ☹	☺ 😐 ☹	☺ 😐 ☹
Motivation	☺ 😐 ☹	☺ 😐 ☹	☺ 😐 ☹
Konzentration	☺ 😐 ☹	☺ 😐 ☹	☺ 😐 ☹

Tagesform Mensch			
Verfassung	☺ 😐 ☹	☺ 😐 ☹	☺ 😐 ☹
Motivation	☺ 😐 ☹	☺ 😐 ☹	☺ 😐 ☹
Konzentration	☺ 😐 ☹	☺ 😐 ☹	☺ 😐 ☹

Ablenkungen / Störungen:

Requisiten / Spielzeug:

Markersignal: ☐ Clicker   ☐ Markerwort

Belohnungen

Training erfolgreich?   ☺ 😐 ☹

Datum: .... Hund: .... Ort: ....

Uhrzeit: .... Trainingsdauer: .... Min.   ☐ innen ☐ außen

Tempertur: .... Aufwärmen: .... ☐ Alleine ☐ Hundeschule

Wetter: Sonnig   Regnerisch   Windig   Schnee

Tagesform Hund;

	Start	Während Training	Am Ende
Aufregung	☺ 😐 ☹	☺ 😐 ☹	☺ 😐 ☹
Motivation	☺ 😐 ☹	☺ 😐 ☹	☺ 😐 ☹
Konzentration	☺ 😐 ☹	☺ 😐 ☹	☺ 😐 ☹

Tagesform Mensch

	Start	Während Training	Am Ende
Verfassung	☺ 😐 ☹	☺ 😐 ☹	☺ 😐 ☹
Motivation	☺ 😐 ☹	☺ 😐 ☹	☺ 😐 ☹
Konzentration	☺ 😐 ☹	☺ 😐 ☹	☺ 😐 ☹

Ablenkungen / Störungen:
....
....

Requisiten / Spielzeug:
....
....

Markersignal: ☐ Clicker   ☐ Markerwort

Belohnungen
....
....

Training erfolgreich?   ☺ 😐 ☹

Datum: .... Hund: .... Ort: ....

Uhrzeit: .... Trainingsdauer: .... Min. ☐ innen ☐ außen

Tempertur: .... Aufwärmen: .... ☐ Alleine ☐ Hundeschule

Wetter: Sonnig   Regnerisch   Windig   Schnee

Tagesform Hund: Start   Während Training   Am Ende

Aufregung   ☺ 😐 ☹   ☺ 😐 ☹   ☺ 😐 ☹

Motivation   ☺ 😐 ☹   ☺ 😐 ☹   ☺ 😐 ☹

Konzentration   ☺ 😐 ☹   ☺ 😐 ☹   ☺ 😐 ☹

Tagesform Mensch

Verfassung   ☺ 😐 ☹   ☺ 😐 ☹   ☺ 😐 ☹

Motivation   ☺ 😐 ☹   ☺ 😐 ☹   ☺ 😐 ☹

Konzentration   ☺ 😐 ☹   ☺ 😐 ☹   ☺ 😐 ☹

Ablenkungen / Störungen:
....
....

Requisiten / Spielzeug:
....
....

Markersignal: ☐ Clicker   ☐ Markerwort

Belohnungen
....
....

Training erfolgreich?   ☺ 😐 ☹

Datum: .... Hund: .... Ort: ....

Uhrzeit: .... Trainingsdauer: .... Min. ☐ innen ☐ außen

Tempertur: .... Aufwärmen: .... ☐ Alleine ☐ Hundeschule

Wetter: Sonnig   Regnerisch   Windig   Schnee

Tagesform Hund;

	Start	Während Training	Am Ende
Aufregung	☺ 😐 ☹	☺ 😐 ☹	☺ 😐 ☹
Motivation	☺ 😐 ☹	☺ 😐 ☹	☺ 😐 ☹
Konzentration	☺ 😐 ☹	☺ 😐 ☹	☺ 😐 ☹

Tagesform Mensch

	Start	Während Training	Am Ende
Verfassung	☺ 😐 ☹	☺ 😐 ☹	☺ 😐 ☹
Motivation	☺ 😐 ☹	☺ 😐 ☹	☺ 😐 ☹
Konzentration	☺ 😐 ☹	☺ 😐 ☹	☺ 😐 ☹

Ablenkungen / Störungen:

Requisiten / Spielzeug:

Markersignal: ☐ Clicker   ☐ Markerwort

Belohnungen

Training erfolgreich?   ☺ 😐 ☹

Datum: ---------- Hund: ---------- Ort: ----------

Uhrzeit: ---------- Trainingsdauer: ------- Min. ☐ innen ☐ außen

Tempertur: ---------- Aufwärmen: --------- ☐ Alleine ☐ Hundeschule

Wetter:

	Sonnig	Regnerisch	Windig	Schnee
	☼☼☼	🌧🌧🌧	🌀🌀🌀	❄❄❄

Tagesform Hund:

	Start	Während Training	Am Ende
Aufregung	☺😐☹	☺😐☹	☺😐☹
Motivation	☺😐☹	☺😐☹	☺😐☹
Konzentration	☺😐☹	☺😐☹	☺😐☹

Tagesform Mensch

	Start	Während Training	Am Ende
Verfassung	☺😐☹	☺😐☹	☺😐☹
Motivation	☺😐☹	☺😐☹	☺😐☹
Konzentration	☺😐☹	☺😐☹	☺😐☹

Ablenkungen / Störungen:

Requisiten / Spielzeug:

Markersignal: ☐ Clicker ☐ Markerwort

Belohnungen

Training erfolgreich? ☺ 😐 ☹

Datum: .... Hund: .... Ort: ....

Uhrzeit: .... Trainingsdauer: .... Min. ☐ innen ☐ außen

Tempertur: .... Aufwärmen: .... ☐ Alleine ☐ Hundeschule

Wetter: Sonnig   Regnerisch   Windig   Schnee
             ☼ ☼ ☼   ☁ ☁ ☁   @ @ @   ❄ ❄ ❄

Tagesform Hund;

	Start	Während Training	Am Ende
Aufregung	☺ 😐 ☹	☺ 😐 ☹	☺ 😐 ☹
Motivation	☺ 😐 ☹	☺ 😐 ☹	☺ 😐 ☹
Konzentration	☺ 😐 ☹	☺ 😐 ☹	☺ 😐 ☹

Tagesform Mensch

	Start	Während Training	Am Ende
Verfassung	☺ 😐 ☹	☺ 😐 ☹	☺ 😐 ☹
Motivation	☺ 😐 ☹	☺ 😐 ☹	☺ 😐 ☹
Konzentration	☺ 😐 ☹	☺ 😐 ☹	☺ 😐 ☹

Ablenkungen / Störungen:

Requisiten / Spielzeug:

Markersignal: ☐ Clicker   ☐ Markerwort

Belohnungen

Training erfolgreich?   ☺   😐   ☹

Datum: ---------- Hund: ---------- Ort: ----------

Uhrzeit: ---------- Trainingsdauer: ---------- Min. ☐ innen ☐ außen

Temperatur: ---------- Aufwärmen: ---------- ☐ Alleine ☐ Hundeschule

Wetter: Sonnig   Regnerisch   Windig   Schnee

Tagesform Hund:	Start	Während Training	Am Ende
Aufregung	☺ 😐 ☹	☺ 😐 ☹	☺ 😐 ☹
Motivation	☺ 😐 ☹	☺ 😐 ☹	☺ 😐 ☹
Konzentration	☺ 😐 ☹	☺ 😐 ☹	☺ 😐 ☹

Tagesform Mensch			
Verfassung	☺ 😐 ☹	☺ 😐 ☹	☺ 😐 ☹
Motivation	☺ 😐 ☹	☺ 😐 ☹	☺ 😐 ☹
Konzentration	☺ 😐 ☹	☺ 😐 ☹	☺ 😐 ☹

Ablenkungen / Störungen:

Requisiten / Spielzeug:

Markersignal: ☐ Clicker   ☐ Markerwort

Belohnungen

Training erfolgreich?   ☺ 😐 ☹

Datum: .... Hund: .... Ort: ....

Uhrzeit: .... Trainingsdauer: .... Min. ☐ innen ☐ außen

Tempertur: .... Aufwärmen: .... ☐ Alleine ☐ Hundeschule

Wetter: Sonnig   Regnerisch   Windig   Schnee

Tagesform Hund;

	Start	Während Training	Am Ende
Aufregung	☺ 😐 ☹	☺ 😐 ☹	☺ 😐 ☹
Motivation	☺ 😐 ☹	☺ 😐 ☹	☺ 😐 ☹
Konzentration	☺ 😐 ☹	☺ 😐 ☹	☺ 😐 ☹

Tagesform Mensch

	Start	Während Training	Am Ende
Verfassung	☺ 😐 ☹	☺ 😐 ☹	☺ 😐 ☹
Motivation	☺ 😐 ☹	☺ 😐 ☹	☺ 😐 ☹
Konzentration	☺ 😐 ☹	☺ 😐 ☹	☺ 😐 ☹

Ablenkungen / Störungen:
....
....

Requisiten / Spielzeug:
....
....

Markersignal: ☐ Clicker   ☐ Markerwort

Belohnungen
....
....

Training erfolgreich?   ☺ 😐 ☹

Datum: ---------- Hund: ---------- Ort: ----------

Uhrzeit: _____ Trainingsdauer: _____ Min. ☐ innen ☐ außen

Tempertur: _____ Aufwärmen: _____ ☐ Alleine ☐ Hundeschule

Wetter: Sonnig Regnerisch Windig Schnee

Tagesform Hund:

	Start	Während Training	Am Ende
Aufregung	☺ 😐 ☹	☺ 😐 ☹	☺ 😐 ☹
Motivation	☺ 😐 ☹	☺ 😐 ☹	☺ 😐 ☹
Konzentration	☺ 😐 ☹	☺ 😐 ☹	☺ 😐 ☹

Tagesform Mensch

	Start	Während Training	Am Ende
Verfassung	☺ 😐 ☹	☺ 😐 ☹	☺ 😐 ☹
Motivation	☺ 😐 ☹	☺ 😐 ☹	☺ 😐 ☹
Konzentration	☺ 😐 ☹	☺ 😐 ☹	☺ 😐 ☹

Ablenkungen / Störungen:

Requisiten / Spielzeug:

Markersignal: ☐ Clicker ☐ Markerwort

Belohnungen

Training erfolgreich? ☺ 😐 ☹

Datum: .... Hund: .... Ort: ....

Uhrzeit: .... Trainingsdauer: .... Min. ☐ innen ☐ außen

Tempertur: .... Aufwärmen: .... ☐ Alleine ☐ Hundeschule

Wetter: Sonnig   Regnerisch   Windig   Schnee

Tagesform Hund;

	Start	Während Training	Am Ende
Aufregung	☺ 😐 ☹	☺ 😐 ☹	☺ 😐 ☹
Motivation	☺ 😐 ☹	☺ 😐 ☹	☺ 😐 ☹
Konzentration	☺ 😐 ☹	☺ 😐 ☹	☺ 😐 ☹

Tagesform Mensch

	Start	Während Training	Am Ende
Verfassung	☺ 😐 ☹	☺ 😐 ☹	☺ 😐 ☹
Motivation	☺ 😐 ☹	☺ 😐 ☹	☺ 😐 ☹
Konzentration	☺ 😐 ☹	☺ 😐 ☹	☺ 😐 ☹

Ablenkungen / Störungen:
....
....

Requisiten / Spielzeug:
....
....

Markersignal: ☐ Clicker   ☐ Markerwort

Belohnungen
....
....

Training erfolgreich?   ☺   😐   ☹

Datum: .... Hund: .... Ort: ....

Uhrzeit: .... Trainingsdauer: .... Min. ☐ innen ☐ außen

Tempertur: .... Aufwärmen: .... ☐ Alleine ☐ Hundeschule

Wetter: Sonnig   Regnerisch   Windig   Schnee

Tagesform Hund;

	Start	Während Training	Am Ende
Aufregung	☺ 😐 ☹	☺ 😐 ☹	☺ 😐 ☹
Motivation	☺ 😐 ☹	☺ 😐 ☹	☺ 😐 ☹
Konzentration	☺ 😐 ☹	☺ 😐 ☹	☺ 😐 ☹

Tagesform Mensch

	Start	Während Training	Am Ende
Verfassung	☺ 😐 ☹	☺ 😐 ☹	☺ 😐 ☹
Motivation	☺ 😐 ☹	☺ 😐 ☹	☺ 😐 ☹
Konzentration	☺ 😐 ☹	☺ 😐 ☹	☺ 😐 ☹

Ablenkungen / Störungen:
....
....

Requisiten / Spielzeug:
....
....

Markersignal: ☐ Clicker   ☐ Markerwort

Belohnungen
....
....

Training erfolgreich?   ☺ 😐 ☹

Datum: .... Hund: .... Ort: ....

Uhrzeit: .... Trainingsdauer: .... Min. ☐ innen ☐ außen

Tempertur: .... Aufwärmen: .... ☐ Alleine ☐ Hundeschule

Wetter: Sonnig   Regnerisch   Windig   Schnee

Tagesform Hund;	Start	Während Training	Am Ende
Aufregung	☺ 😐 ☹	☺ 😐 ☹	☺ 😐 ☹
Motivation	☺ 😐 ☹	☺ 😐 ☹	☺ 😐 ☹
Konzentration	☺ 😐 ☹	☺ 😐 ☹	☺ 😐 ☹

Tagesform Mensch			
Verfassung	☺ 😐 ☹	☺ 😐 ☹	☺ 😐 ☹
Motivation	☺ 😐 ☹	☺ 😐 ☹	☺ 😐 ☹
Konzentration	☺ 😐 ☹	☺ 😐 ☹	☺ 😐 ☹

Ablenkungen / Störungen:
....
....

Requisiten / Spielzeug:
....
....

Markersignal: ☐ Clicker   ☐ Markerwort

Belohnungen
....
....

Training erfolgreich?   ☺   😐   ☹

Datum: .... *Hund:* .... *Ort:* ....

Uhrzeit: .... Trainingsdauer: .... Min.   ☐ innen ☐ außen

Temperatur: .... Aufwärmen: ....   ☐ Alleine ☐ Hundeschule

Wetter: Sonnig   Regnerisch   Windig   Schnee

Tagesform Hund:	Start	Während Training	Am Ende
Aufregung	☺ 😐 ☹	☺ 😐 ☹	☺ 😐 ☹
Motivation	☺ 😐 ☹	☺ 😐 ☹	☺ 😐 ☹
Konzentration	☺ 😐 ☹	☺ 😐 ☹	☺ 😐 ☹

Tagesform Mensch			
Verfassung	☺ 😐 ☹	☺ 😐 ☹	☺ 😐 ☹
Motivation	☺ 😐 ☹	☺ 😐 ☹	☺ 😐 ☹
Konzentration	☺ 😐 ☹	☺ 😐 ☹	☺ 😐 ☹

Ablenkungen / Störungen:

Requisiten / Spielzeug:

Markersignal: ☐ Clicker   ☐ Markerwort

Belohnungen

Training erfolgreich?   ☺ 😐 ☹

Datum: _____ Hund: _____ Ort: _____

Uhrzeit: _____ Trainingsdauer: _____ Min. ☐ innen ☐ außen

Tempertur: _____ Aufwärmen: _____ ☐ Alleine ☐ Hundeschule

Wetter: Sonnig   Regnerisch   Windig   Schnee
               ☼☼☼   ☁☁☁   ༄༄༄   ❄❄❄

Tagesform Hund:	Start	Während Training	Am Ende
Aufregung	☺😐☹	☺😐☹	☺😐☹
Motivation	☺😐☹	☺😐☹	☺😐☹
Konzentration	☺😐☹	☺😐☹	☺😐☹

Tagesform Mensch			
Verfassung	☺😐☹	☺😐☹	☺😐☹
Motivation	☺😐☹	☺😐☹	☺😐☹
Konzentration	☺😐☹	☺😐☹	☺😐☹

Ablenkungen / Störungen:
_____
_____

Requisiten / Spielzeug:
_____
_____

Markersignal: ☐ Clicker   ☐ Markerwort

Belohnungen
_____
_____

Training erfolgreich?   ☺ 😐 ☹

Datum: _____ Hund: _____ Ort: _____

Uhrzeit: _____ Trainingsdauer: _____ Min. ☐ innen ☐ außen

Tempertur: _____ Aufwärmen: _____ ☐ Alleine ☐ Hundeschule

Wetter: Sonnig   Regnerisch   Windig   Schnee

Tagesform Hund;	Start	Während Training	Am Ende
Aufregung	☺ 😐 ☹	☺ 😐 ☹	☺ 😐 ☹
Motivation	☺ 😐 ☹	☺ 😐 ☹	☺ 😐 ☹
Konzentration	☺ 😐 ☹	☺ 😐 ☹	☺ 😐 ☹

Tagesform Mensch			
Verfassung	☺ 😐 ☹	☺ 😐 ☹	☺ 😐 ☹
Motivation	☺ 😐 ☹	☺ 😐 ☹	☺ 😐 ☹
Konzentration	☺ 😐 ☹	☺ 😐 ☹	☺ 😐 ☹

Ablenkungen / Störungen:
_____
_____

Requisiten / Spielzeug:
_____
_____

Markersignal: ☐ Clicker   ☐ Markerwort

Belohnungen
_____
_____

Training erfolgreich?   ☺ 😐 ☹

Datum: _____ Hund: _____ Ort: _____

Uhrzeit: _____ Trainingsdauer: _____ Min. ☐ innen ☐ außen

Tempertur: _____ Aufwärmen: _____ ☐ Alleine ☐ Hundeschule

Wetter: Sonnig   Regnerisch   Windig   Schnee

Tagesform Hund: Start   Während Training   Am Ende

Aufregung   ☺ 😐 ☹   ☺ 😐 ☹   ☺ 😐 ☹
Motivation   ☺ 😐 ☹   ☺ 😐 ☹   ☺ 😐 ☹
Konzentration   ☺ 😐 ☹   ☺ 😐 ☹   ☺ 😐 ☹

Tagesform Mensch

Verfassung   ☺ 😐 ☹   ☺ 😐 ☹   ☺ 😐 ☹
Motivation   ☺ 😐 ☹   ☺ 😐 ☹   ☺ 😐 ☹
Konzentration   ☺ 😐 ☹   ☺ 😐 ☹   ☺ 😐 ☹

Ablenkungen / Störungen:
_____
_____

Requisiten / Spielzeug:
_____
_____

Markersignal: ☐ Clicker   ☐ Markerwort

Belohnungen
_____
_____

Training erfolgreich?   ☺ 😐 ☹

Datum: .... *Hund:* .... *Ort:* ....

Uhrzeit: .... Trainingsdauer: .... Min. ☐ innen ☐ außen

Tempertur: .... Aufwärmen: .... ☐ Alleine ☐ Hundeschule

Wetter: Sonnig   Regnerisch   Windig   Schnee

Tagesform Hund:

	Start	Während Training	Am Ende
Aufregung	☺ 😐 ☹	☺ 😐 ☹	☺ 😐 ☹
Motivation	☺ 😐 ☹	☺ 😐 ☹	☺ 😐 ☹
Konzentration	☺ 😐 ☹	☺ 😐 ☹	☺ 😐 ☹

Tagesform Mensch

	Start	Während Training	Am Ende
Verfassung	☺ 😐 ☹	☺ 😐 ☹	☺ 😐 ☹
Motivation	☺ 😐 ☹	☺ 😐 ☹	☺ 😐 ☹
Konzentration	☺ 😐 ☹	☺ 😐 ☹	☺ 😐 ☹

Ablenkungen / Störungen:
....
....

Requisiten / Spielzeug:
....
....

Markersignal: ☐ Clicker ☐ Markerwort

Belohnungen
....
....

Training erfolgreich? ☺ 😐 ☹

Datum: ---------- Hund: ---------- Ort: ----------

Uhrzeit: ---------- Trainingsdauer: ------- Min. ☐ innen ☐ außen

Temperatur: ---------- Aufwärmen: --------- ☐ Alleine ☐ Hundeschule

Wetter: Sonnig   Regnerisch   Windig   Schnee

Tagesform Hund:
	Start	Während Training	Am Ende
Aufregung	☺ 😐 ☹	☺ 😐 ☹	☺ 😐 ☹
Motivation	☺ 😐 ☹	☺ 😐 ☹	☺ 😐 ☹
Konzentration	☺ 😐 ☹	☺ 😐 ☹	☺ 😐 ☹

Tagesform Mensch
	Start	Während Training	Am Ende
Verfassung	☺ 😐 ☹	☺ 😐 ☹	☺ 😐 ☹
Motivation	☺ 😐 ☹	☺ 😐 ☹	☺ 😐 ☹
Konzentration	☺ 😐 ☹	☺ 😐 ☹	☺ 😐 ☹

Ablenkungen / Störungen:

Requisiten / Spielzeug:

Markersignal: ☐ Clicker   ☐ Markerwort

Belohnungen

Training erfolgreich?   ☺ 😐 ☹

Datum: _____ Hund: _____ Ort: _____

Uhrzeit: _____ Trainingsdauer: _____ Min. ☐ innen ☐ außen

Tempertur: _____ Aufwärmen: _____ ☐ Alleine ☐ Hundeschule

Wetter: Sonnig   Regnerisch   Windig   Schnee

Tagesform Hund;

	Start	Während Training	Am Ende
Aufregung	☺ 😐 ☹	☺ 😐 ☹	☺ 😐 ☹
Motivation	☺ 😐 ☹	☺ 😐 ☹	☺ 😐 ☹
Konzentration	☺ 😐 ☹	☺ 😐 ☹	☺ 😐 ☹

Tagesform Mensch

	Start	Während Training	Am Ende
Verfassung	☺ 😐 ☹	☺ 😐 ☹	☺ 😐 ☹
Motivation	☺ 😐 ☹	☺ 😐 ☹	☺ 😐 ☹
Konzentration	☺ 😐 ☹	☺ 😐 ☹	☺ 😐 ☹

Ablenkungen / Störungen:
_____
_____

Requisiten / Spielzeug:
_____
_____

Markersignal: ☐ Clicker   ☐ Markerwort

Belohnungen
_____
_____

Training erfolgreich?   ☺ 😐 ☹

Datum: _____ Hund: _____ Ort: _____

Uhrzeit: _____ Trainingsdauer: _____ Min. ☐ innen ☐ außen

Tempertur: _____ Aufwärmen: _____ ☐ Alleine ☐ Hundeschule

Wetter: Sonnig   Regnerisch   Windig   Schnee

Tagesform Hund:
	Start	Während Training	Am Ende
Aufregung	☺ 😐 ☹	☺ 😐 ☹	☺ 😐 ☹
Motivation	☺ 😐 ☹	☺ 😐 ☹	☺ 😐 ☹
Konzentration	☺ 😐 ☹	☺ 😐 ☹	☺ 😐 ☹

Tagesform Mensch
	Start	Während Training	Am Ende
Verfassung	☺ 😐 ☹	☺ 😐 ☹	☺ 😐 ☹
Motivation	☺ 😐 ☹	☺ 😐 ☹	☺ 😐 ☹
Konzentration	☺ 😐 ☹	☺ 😐 ☹	☺ 😐 ☹

Ablenkungen / Störungen:
_____
_____

Requisiten / Spielzeug:
_____
_____

Markersignal: ☐ Clicker ☐ Markerwort

Belohnungen
_____
_____

Training erfolgreich?   ☺ 😐 ☹

Datum: .... Hund: .... Ort: ....

Uhrzeit: .... Trainingsdauer: .... Min. ☐ innen ☐ außen

Tempertur: .... Aufwärmen: .... ☐ Alleine ☐ Hundeschule

Wetter: Sonnig   Regnerisch   Windig   Schnee

Tagesform Hund:

	Start	Während Training	Am Ende
Aufregung	☺ 😐 ☹	☺ 😐 ☹	☺ 😐 ☹
Motivation	☺ 😐 ☹	☺ 😐 ☹	☺ 😐 ☹
Konzentration	☺ 😐 ☹	☺ 😐 ☹	☺ 😐 ☹

Tagesform Mensch

	Start	Während Training	Am Ende
Verfassung	☺ 😐 ☹	☺ 😐 ☹	☺ 😐 ☹
Motivation	☺ 😐 ☹	☺ 😐 ☹	☺ 😐 ☹
Konzentration	☺ 😐 ☹	☺ 😐 ☹	☺ 😐 ☹

Ablenkungen / Störungen:

Requisiten / Spielzeug:

Markersignal: ☐ Clicker   ☐ Markerwort

Belohnungen

Training erfolgreich?   ☺ 😐 ☹

Datum: _____ Hund: _____ Ort: _____

Uhrzeit: _____ Trainingsdauer: _____ Min. ☐ innen ☐ außen

Temperatur: _____ Aufwärmen: _____ ☐ Alleine ☐ Hundeschule

Wetter: Sonnig   Regnerisch   Windig   Schnee

Tagesform Hund: Start   Während Training   Am Ende

Aufregung

Motivation

Konzentration

Tagesform Mensch

Verfassung

Motivation

Konzentration

Ablenkungen / Störungen:
_____
_____

Requisiten / Spielzeug:
_____
_____

Markersignal: ☐ Clicker   ☐ Markerwort

Belohnungen
_____
_____

Training erfolgreich?   ☺ 😐 ☹

Datum: .... Hund: .... Ort: ....

Uhrzeit: .... Trainingsdauer: .... Min. ☐ innen ☐ außen

Tempertur: .... Aufwärmen: .... ☐ Alleine ☐ Hundeschule

Wetter: Sonnig   Regnerisch   Windig   Schnee

Tagesform Hund:

	Start	Während Training	Am Ende
Aufregung	☺ 😐 ☹	☺ 😐 ☹	☺ 😐 ☹
Motivation	☺ 😐 ☹	☺ 😐 ☹	☺ 😐 ☹
Konzentration	☺ 😐 ☹	☺ 😐 ☹	☺ 😐 ☹

Tagesform Mensch

	Start	Während Training	Am Ende
Verfassung	☺ 😐 ☹	☺ 😐 ☹	☺ 😐 ☹
Motivation	☺ 😐 ☹	☺ 😐 ☹	☺ 😐 ☹
Konzentration	☺ 😐 ☹	☺ 😐 ☹	☺ 😐 ☹

Ablenkungen / Störungen:
....
....

Requisiten / Spielzeug:
....
....

Markersignal: ☐ Clicker   ☐ Markerwort

Belohnungen
....
....

Training erfolgreich?   ☺ 😐 ☹

Datum: ---------- Hund: ---------- Ort: ----------

Uhrzeit: ---------- Trainingsdauer: ------- Min. ☐ innen ☐ außen

Tempertur: ---------- Aufwärmen: ------- ☐ Alleine ☐ Hundeschule

Wetter: Sonnig   Regnerisch   Windig   Schnee

Tagesform Hund:	Start	Während Training	Am Ende
Aufregung	☺ 😐 ☹	☺ 😐 ☹	☺ 😐 ☹
Motivation	☺ 😐 ☹	☺ 😐 ☹	☺ 😐 ☹
Konzentration	☺ 😐 ☹	☺ 😐 ☹	☺ 😐 ☹

Tagesform Mensch			
Verfassung	☺ 😐 ☹	☺ 😐 ☹	☺ 😐 ☹
Motivation	☺ 😐 ☹	☺ 😐 ☹	☺ 😐 ☹
Konzentration	☺ 😐 ☹	☺ 😐 ☹	☺ 😐 ☹

Ablenkungen / Störungen:

Requisiten / Spielzeug:

Markersignal: ☐ Clicker ☐ Markerwort

Belohnungen

Training erfolgreich?   ☺ 😐 ☹

Datum: .... Hund: .... Ort: ....

Uhrzeit: .... Trainingsdauer: .... Min. ☐ innen ☐ außen

Tempertur: .... Aufwärmen: .... ☐ Alleine ☐ Hundeschule

Wetter: Sonnig Regnerisch Windig Schnee

Tagesform Hund:

	Start	Während Training	Am Ende
Aufregung	☺ 😐 ☹	☺ 😐 ☹	☺ 😐 ☹
Motivation	☺ 😐 ☹	☺ 😐 ☹	☺ 😐 ☹
Konzentration	☺ 😐 ☹	☺ 😐 ☹	☺ 😐 ☹

Tagesform Mensch

	Start	Während Training	Am Ende
Verfassung	☺ 😐 ☹	☺ 😐 ☹	☺ 😐 ☹
Motivation	☺ 😐 ☹	☺ 😐 ☹	☺ 😐 ☹
Konzentration	☺ 😐 ☹	☺ 😐 ☹	☺ 😐 ☹

Ablenkungen / Störungen:
....
....

Requisiten / Spielzeug:
....
....

Markersignal: ☐ Clicker ☐ Markerwort

Belohnungen
....
....

Training erfolgreich? ☺ 😐 ☹

Datum: .... *Hund:* .... *Ort:* ....

Uhrzeit: .... Trainingsdauer: .... Min. ☐ innen ☐ außen

Tempertur: .... Aufwärmen: .... ☐ Alleine ☐ Hundeschule

Wetter: Sonnig   Regnerisch   Windig   Schnee

Tagesform Hund:

	Start	Während Training	Am Ende
Aufregung	☺ 😐 ☹	☺ 😐 ☹	☺ 😐 ☹
Motivation	☺ 😐 ☹	☺ 😐 ☹	☺ 😐 ☹
Konzentration	☺ 😐 ☹	☺ 😐 ☹	☺ 😐 ☹

Tagesform Mensch

	Start	Während Training	Am Ende
Verfassung	☺ 😐 ☹	☺ 😐 ☹	☺ 😐 ☹
Motivation	☺ 😐 ☹	☺ 😐 ☹	☺ 😐 ☹
Konzentration	☺ 😐 ☹	☺ 😐 ☹	☺ 😐 ☹

Ablenkungen / Störungen:

Requisiten / Spielzeug:

Markersignal: ☐ Clicker   ☐ Markerwort

Belohnungen

Training erfolgreich?   ☺ 😐 ☹

Datum: .... Hund: .... Ort: ....

Uhrzeit: .... Trainingsdauer: .... Min. ☐ innen ☐ außen

Tempertur: .... Aufwärmen: .... ☐ Alleine ☐ Hundeschule

Wetter: Sonnig   Regnerisch   Windig   Schnee
            ☼☼☼   ☁☁☁   @@@   ❄❄❄

Tagesform Hund:

	Start	Während Training	Am Ende
Aufregung	☺ 😐 ☹	☺ 😐 ☹	☺ 😐 ☹
Motivation	☺ 😐 ☹	☺ 😐 ☹	☺ 😐 ☹
Konzentration	☺ 😐 ☹	☺ 😐 ☹	☺ 😐 ☹

Tagesform Mensch

	Start	Während Training	Am Ende
Verfassung	☺ 😐 ☹	☺ 😐 ☹	☺ 😐 ☹
Motivation	☺ 😐 ☹	☺ 😐 ☹	☺ 😐 ☹
Konzentration	☺ 😐 ☹	☺ 😐 ☹	☺ 😐 ☹

Ablenkungen / Störungen:
....
....

Requisiten / Spielzeug:
....
....

Markersignal: ☐ Clicker   ☐ Markerwort

Belohnungen
....
....

Training erfolgreich?   ☺   😐   ☹

Datum: _____ Hund: _____ Ort: _____

Uhrzeit: _____ Trainingsdauer: _____ Min. ☐ innen ☐ außen

Tempertur: _____ Aufwärmen: _____ ☐ Alleine ☐ Hundeschule

Wetter: Sonnig   Regnerisch   Windig   Schnee

Tagesform Hund;   Start   Während Training   Am Ende

Aufregung   ☺ 😐 ☹   ☺ 😐 ☹   ☺ 😐 ☹

Motivation   ☺ 😐 ☹   ☺ 😐 ☹   ☺ 😐 ☹

Konzentration ☺ 😐 ☹   ☺ 😐 ☹   ☺ 😐 ☹

Tagesform Mensch

Verfassung   ☺ 😐 ☹   ☺ 😐 ☹   ☺ 😐 ☹

Motivation   ☺ 😐 ☹   ☺ 😐 ☹   ☺ 😐 ☹

Konzentration ☺ 😐 ☹   ☺ 😐 ☹   ☺ 😐 ☹

Ablenkungen / Störungen:
_____
_____

Requisiten / Spielzeug:
_____
_____

Markersignal: ☐ Clicker   ☐ Markerwort

Belohnungen
_____
_____

Training erfolgreich?   ☺ 😐 ☹

Datum: ---------- Hund: ---------- Ort: ----------

Uhrzeit: ---------- Trainingsdauer: ------- Min. ☐ innen ☐ außen

Tempertur: ---------- Aufwärmen: --------- ☐ Alleine ☐ Hundeschule

Wetter: Sonnig Regnerisch Windig Schnee

Tagesform Hund:

	Start	Während Training	Am Ende
Aufregung	☺ 😐 ☹	☺ 😐 ☹	☺ 😐 ☹
Motivation	☺ 😐 ☹	☺ 😐 ☹	☺ 😐 ☹
Konzentration	☺ 😐 ☹	☺ 😐 ☹	☺ 😐 ☹

Tagesform Mensch

	Start	Während Training	Am Ende
Verfassung	☺ 😐 ☹	☺ 😐 ☹	☺ 😐 ☹
Motivation	☺ 😐 ☹	☺ 😐 ☹	☺ 😐 ☹
Konzentration	☺ 😐 ☹	☺ 😐 ☹	☺ 😐 ☹

Ablenkungen / Störungen:

Requisiten / Spielzeug:

Markersignal: ☐ Clicker ☐ Markerwort

Belohnungen

Training erfolgreich? ☺ 😐 ☹

Datum: ---------- Hund: ---------- Ort: ----------

Uhrzeit: _____ Trainingsdauer: _____ Min. ☐ innen ☐ außen

Tempertur: _____ Aufwärmen: _____ ☐ Alleine ☐ Hundeschule

Wetter: Sonnig Regnerisch Windig Schnee

Tagesform Hund;	Start	Während Training	Am Ende
Aufregung	☺ 😐 ☹	☺ 😐 ☹	☺ 😐 ☹
Motivation	☺ 😐 ☹	☺ 😐 ☹	☺ 😐 ☹
Konzentration	☺ 😐 ☹	☺ 😐 ☹	☺ 😐 ☹

Tagesform Mensch

	Start	Während Training	Am Ende
Verfassung	☺ 😐 ☹	☺ 😐 ☹	☺ 😐 ☹
Motivation	☺ 😐 ☹	☺ 😐 ☹	☺ 😐 ☹
Konzentration	☺ 😐 ☹	☺ 😐 ☹	☺ 😐 ☹

Ablenkungen / Störungen:

Requisiten / Spielzeug:

Markersignal: ☐ Clicker ☐ Markerwort

Belohnungen

Training erfolgreich?   ☺ 😐 ☹

Datum: .... Hund: .... Ort: ....

Uhrzeit: .... Trainingsdauer: .... Min. ☐ innen ☐ außen

Tempertur: .... Aufwärmen: .... ☐ Alleine ☐ Hundeschule

Wetter: Sonnig Regnerisch Windig Schnee

Tagesform Hund;	Start	Während Training	Am Ende
Aufregung	☺ 😐 ☹	☺ 😐 ☹	☺ 😐 ☹
Motivation	☺ 😐 ☹	☺ 😐 ☹	☺ 😐 ☹
Konzentration	☺ 😐 ☹	☺ 😐 ☹	☺ 😐 ☹

Tagesform Mensch			
Verfassung	☺ 😐 ☹	☺ 😐 ☹	☺ 😐 ☹
Motivation	☺ 😐 ☹	☺ 😐 ☹	☺ 😐 ☹
Konzentration	☺ 😐 ☹	☺ 😐 ☹	☺ 😐 ☹

Ablenkungen / Störungen:
....
....

Requisiten / Spielzeug:
....
....

Markersignal: ☐ Clicker ☐ Markerwort

Belohnungen
....
....

Training erfolgreich? ☺ 😐 ☹

Datum: ---------- Hund: ---------- Ort: ----------

Uhrzeit: ---------- Trainingsdauer: ------- Min. ☐ innen ☐ außen

Tempertur: ---------- Aufwärmen: ---------- ☐ Alleine ☐ Hundeschule

Wetter: Sonnig   Regnerisch   Windig   Schnee

Tagesform Hund:

	Start	Während Training	Am Ende
Aufregung	☺ 😐 ☹	☺ 😐 ☹	☺ 😐 ☹
Motivation	☺ 😐 ☹	☺ 😐 ☹	☺ 😐 ☹
Konzentration	☺ 😐 ☹	☺ 😐 ☹	☺ 😐 ☹

Tagesform Mensch

	Start	Während Training	Am Ende
Verfassung	☺ 😐 ☹	☺ 😐 ☹	☺ 😐 ☹
Motivation	☺ 😐 ☹	☺ 😐 ☹	☺ 😐 ☹
Konzentration	☺ 😐 ☹	☺ 😐 ☹	☺ 😐 ☹

Ablenkungen / Störungen:

Requisiten / Spielzeug:

Markersignal: ☐ Clicker   ☐ Markerwort

Belohnungen

Training erfolgreich?   ☺ 😐 ☹

Datum: .... Hund: .... Ort: ....

Uhrzeit: .... Trainingsdauer: .... Min. ☐ innen ☐ außen

Tempertur: .... Aufwärmen: .... ☐ Alleine ☐ Hundeschule

Wetter: Sonnig Regnerisch Windig Schnee

Tagesform Hund:

	Start	Während Training	Am Ende
Aufregung	☺ 😐 ☹	☺ 😐 ☹	☺ 😐 ☹
Motivation	☺ 😐 ☹	☺ 😐 ☹	☺ 😐 ☹
Konzentration	☺ 😐 ☹	☺ 😐 ☹	☺ 😐 ☹

Tagesform Mensch

	Start	Während Training	Am Ende
Verfassung	☺ 😐 ☹	☺ 😐 ☹	☺ 😐 ☹
Motivation	☺ 😐 ☹	☺ 😐 ☹	☺ 😐 ☹
Konzentration	☺ 😐 ☹	☺ 😐 ☹	☺ 😐 ☹

Ablenkungen / Störungen:

Requisiten / Spielzeug:

Markersignal: ☐ Clicker ☐ Markerwort

Belohnungen

Training erfolgreich? ☺ 😐 ☹

Datum: _____   Hund: _____   Ort: _____

Uhrzeit: _____   Trainingsdauer: _____ Min.   ☐ innen   ☐ außen

Tempertur: _____   Aufwärmen: _____   ☐ Alleine   ☐ Hundeschule

Wetter: Sonnig   Regnerisch   Windig   Schnee

Tagesform Hund:

	Start	Während Training	Am Ende
Aufregung	☺ 😐 ☹	☺ 😐 ☹	☺ 😐 ☹
Motivation	☺ 😐 ☹	☺ 😐 ☹	☺ 😐 ☹
Konzentration	☺ 😐 ☹	☺ 😐 ☹	☺ 😐 ☹

Tagesform Mensch

	Start	Während Training	Am Ende
Verfassung	☺ 😐 ☹	☺ 😐 ☹	☺ 😐 ☹
Motivation	☺ 😐 ☹	☺ 😐 ☹	☺ 😐 ☹
Konzentration	☺ 😐 ☹	☺ 😐 ☹	☺ 😐 ☹

Ablenkungen / Störungen:
_____
_____

Requisiten / Spielzeug:
_____
_____

Markersignal: ☐ Clicker   ☐ Markerwort

Belohnungen
_____
_____

Training erfolgreich?   ☺   😐   ☹

Datum: .... Hund: .... Ort: ....

Uhrzeit: .... Trainingsdauer: .... Min. ☐ innen ☐ außen

Tempertur: .... Aufwärmen: .... ☐ Alleine ☐ Hundeschule

Wetter: Sonnig   Regnerisch   Windig   Schnee

Tagesform Hund:	Start	Während Training	Am Ende
Aufregung	☺ 😐 ☹	☺ 😐 ☹	☺ 😐 ☹
Motivation	☺ 😐 ☹	☺ 😐 ☹	☺ 😐 ☹
Konzentration	☺ 😐 ☹	☺ 😐 ☹	☺ 😐 ☹

Tagesform Mensch

	Start	Während Training	Am Ende
Verfassung	☺ 😐 ☹	☺ 😐 ☹	☺ 😐 ☹
Motivation	☺ 😐 ☹	☺ 😐 ☹	☺ 😐 ☹
Konzentration	☺ 😐 ☹	☺ 😐 ☹	☺ 😐 ☹

Ablenkungen / Störungen:
....
....

Requisiten / Spielzeug:
....
....

Markersignal: ☐ Clicker   ☐ Markerwort

Belohnungen
....
....

Training erfolgreich?   ☺ 😐 ☹

Datum: ---------- Hund: ---------- Ort: ----------

Uhrzeit: ---------- Trainingsdauer: ------- Min. ☐ innen ☐ außen

Tempertur: ---------- Aufwärmen: ---------- ☐ Alleine ☐ Hundeschule

Wetter: Sonnig   Regnerisch   Windig   Schnee
                ☼ ☼ ☼   ☁ ☁ ☁   ෴ ෴ ෴   ❄ ❄ ❄

Tagesform Hund;	Start	Während Training	Am Ende
Aufregung	☺ 😐 ☹	☺ 😐 ☹	☺ 😐 ☹
Motivation	☺ 😐 ☹	☺ 😐 ☹	☺ 😐 ☹
Konzentration	☺ 😐 ☹	☺ 😐 ☹	☺ 😐 ☹

Tagesform Mensch			
Verfassung	☺ 😐 ☹	☺ 😐 ☹	☺ 😐 ☹
Motivation	☺ 😐 ☹	☺ 😐 ☹	☺ 😐 ☹
Konzentration	☺ 😐 ☹	☺ 😐 ☹	☺ 😐 ☹

Ablenkungen / Störungen:

Requisiten / Spielzeug:

Markersignal: ☐ Clicker   ☐ Markerwort

Belohnungen

Training erfolgreich?   ☺ 😐 ☹

Datum: .... Hund: .... Ort: ....

Uhrzeit: .... Trainingsdauer: .... Min. ☐ innen ☐ außen

Tempertur: .... Aufwärmen: .... ☐ Alleine ☐ Hundeschule

Wetter: Sonnig   Regnerisch   Windig   Schnee

Tagesform Hund:	Start	Während Training	Am Ende
Aufregung	☺ 😐 ☹	☺ 😐 ☹	☺ 😐 ☹
Motivation	☺ 😐 ☹	☺ 😐 ☹	☺ 😐 ☹
Konzentration	☺ 😐 ☹	☺ 😐 ☹	☺ 😐 ☹

Tagesform Mensch			
Verfassung	☺ 😐 ☹	☺ 😐 ☹	☺ 😐 ☹
Motivation	☺ 😐 ☹	☺ 😐 ☹	☺ 😐 ☹
Konzentration	☺ 😐 ☹	☺ 😐 ☹	☺ 😐 ☹

Ablenkungen / Störungen:

Requisiten / Spielzeug:

Markersignal: ☐ Clicker   ☐ Markerwort

Belohnungen

Training erfolgreich?   ☺ 😐 ☹

Datum: .... Hund: .... Ort: ....

Uhrzeit: .... Trainingsdauer: .... Min. ☐ innen ☐ außen

Tempertur: .... Aufwärmen: .... ☐ Alleine ☐ Hundeschule

Wetter: Sonnig   Regnerisch   Windig   Schnee
              ☼☼☼   ☁☁☁   🌀🌀🌀   ❄❄❄

Tagesform Hund:	Start	Während Training	Am Ende
Aufregung	😊😐☹	😊😐☹	😊😐☹
Motivation	😊😐☹	😊😐☹	😊😐☹
Konzentration	😊😐☹	😊😐☹	😊😐☹

Tagesform Mensch

	Start	Während Training	Am Ende
Verfassung	😊😐☹	😊😐☹	😊😐☹
Motivation	😊😐☹	😊😐☹	😊😐☹
Konzentration	😊😐☹	😊😐☹	😊😐☹

Ablenkungen / Störungen:
....
....

Requisiten / Spielzeug:
....
....

Markersignal: ☐ Clicker   ☐ Markerwort

Belohnungen
....
....

Training erfolgreich?   😊 😐 ☹

Datum: _____ Hund: _____ Ort: _____

Uhrzeit: _____ Trainingsdauer: _____ Min. ☐ innen ☐ außen

Tempertur: _____ Aufwärmen: _____ ☐ Alleine ☐ Hundeschule

Wetter: Sonnig Regnerisch Windig Schnee
☼☼☼ ☁☁☁ @@@ ❄❄❄

Tagesform Hund: Start Während Training Am Ende
Aufregung ☺😐☹ ☺😐☹ ☺😐☹
Motivation ☺😐☹ ☺😐☹ ☺😐☹
Konzentration ☺😐☹ ☺😐☹ ☺😐☹

Tagesform Mensch
Verfassung ☺😐☹ ☺😐☹ ☺😐☹
Motivation ☺😐☹ ☺😐☹ ☺😐☹
Konzentration ☺😐☹ ☺😐☹ ☺😐☹

Ablenkungen / Störungen:
_____
_____

Requisiten / Spielzeug:
_____
_____

Markersignal: ☐ Clicker ☐ Markerwort

Belohnungen
_____
_____

Training erfolgreich? ☺ 😐 ☹

Datum: .... Hund: .... Ort: ....

Uhrzeit: .... Trainingsdauer: .... Min. ☐ innen ☐ außen

Tempertur: .... Aufwärmen: .... ☐ Alleine ☐ Hundeschule

Wetter: Sonnig   Regnerisch   Windig   Schnee

Tagesform Hund:
	Start	Während Training	Am Ende
Aufregung	☺ 😐 ☹	☺ 😐 ☹	☺ 😐 ☹
Motivation	☺ 😐 ☹	☺ 😐 ☹	☺ 😐 ☹
Konzentration	☺ 😐 ☹	☺ 😐 ☹	☺ 😐 ☹

Tagesform Mensch
	Start	Während Training	Am Ende
Verfassung	☺ 😐 ☹	☺ 😐 ☹	☺ 😐 ☹
Motivation	☺ 😐 ☹	☺ 😐 ☹	☺ 😐 ☹
Konzentration	☺ 😐 ☹	☺ 😐 ☹	☺ 😐 ☹

Ablenkungen / Störungen:
....
....

Requisiten / Spielzeug:
....
....

Markersignal: ☐ Clicker   ☐ Markerwort

Belohnungen
....
....

Training erfolgreich?   ☺ 😐 ☹

Datum: .... Hund: .... Ort: ....

Uhrzeit: .... Trainingsdauer: .... Min. ☐ innen ☐ außen

Tempertur: .... Aufwärmen: .... ☐ Alleine ☐ Hundeschule

Wetter: Sonnig   Regnerisch   Windig   Schnee

Tagesform Hund:
	Start	Während Training	Am Ende
Aufregung	☺ 😐 ☹	☺ 😐 ☹	☺ 😐 ☹
Motivation	☺ 😐 ☹	☺ 😐 ☹	☺ 😐 ☹
Konzentration	☺ 😐 ☹	☺ 😐 ☹	☺ 😐 ☹

Tagesform Mensch
	Start	Während Training	Am Ende
Verfassung	☺ 😐 ☹	☺ 😐 ☹	☺ 😐 ☹
Motivation	☺ 😐 ☹	☺ 😐 ☹	☺ 😐 ☹
Konzentration	☺ 😐 ☹	☺ 😐 ☹	☺ 😐 ☹

Ablenkungen / Störungen:

Requisiten / Spielzeug:

Markersignal: ☐ Clicker   ☐ Markerwort

Belohnungen

Training erfolgreich?   ☺ 😐 ☹

Datum: _____   Hund: _____   Ort: _____

Uhrzeit: _____   Trainingsdauer: _____ Min.   ☐ innen ☐ außen

Tempertur: _____   Aufwärmen: _____   ☐ Alleine ☐ Hundeschule

Wetter: Sonnig   Regnerisch   Windig   Schnee

Tagesform Hund:	Start	Während Training	Am Ende
Aufregung	☺ 😐 ☹	☺ 😐 ☹	☺ 😐 ☹
Motivation	☺ 😐 ☹	☺ 😐 ☹	☺ 😐 ☹
Konzentration	☺ 😐 ☹	☺ 😐 ☹	☺ 😐 ☹

Tagesform Mensch			
Verfassung	☺ 😐 ☹	☺ 😐 ☹	☺ 😐 ☹
Motivation	☺ 😐 ☹	☺ 😐 ☹	☺ 😐 ☹
Konzentration	☺ 😐 ☹	☺ 😐 ☹	☺ 😐 ☹

Ablenkungen / Störungen:
_____
_____

Requisiten / Spielzeug:
_____
_____

Markersignal: ☐ Clicker   ☐ Markerwort

Belohnungen
_____
_____

Training erfolgreich?   ☺ 😐 ☹

Datum: .... Hund: .... Ort: ....

Uhrzeit: .... Trainingsdauer: .... Min. ☐ innen ☐ außen

Tempertur: .... Aufwärmen: .... ☐ Alleine ☐ Hundeschule

Wetter: Sonnig   Regnerisch   Windig   Schnee

Tagesform Hund:	Start	Während Training	Am Ende
Aufregung	☺ 😐 ☹	☺ 😐 ☹	☺ 😐 ☹
Motivation	☺ 😐 ☹	☺ 😐 ☹	☺ 😐 ☹
Konzentration	☺ 😐 ☹	☺ 😐 ☹	☺ 😐 ☹

Tagesform Mensch

	Start	Während Training	Am Ende
Verfassung	☺ 😐 ☹	☺ 😐 ☹	☺ 😐 ☹
Motivation	☺ 😐 ☹	☺ 😐 ☹	☺ 😐 ☹
Konzentration	☺ 😐 ☹	☺ 😐 ☹	☺ 😐 ☹

Ablenkungen / Störungen:
....
....

Requisiten / Spielzeug:
....
....

Markersignal: ☐ Clicker   ☐ Markerwort

Belohnungen
....

Training erfolgreich?   ☺ 😐 ☹

Datum: _____ Hund: _____ Ort: _____

Uhrzeit: _____ Trainingsdauer: _____ Min. ☐ innen ☐ außen

Tempertur: _____ Aufwärmen: _____ ☐ Alleine ☐ Hundeschule

Wetter: Sonnig   Regnerisch   Windig   Schnee
            ☼ ☼ ☼   ☁ ☁ ☁   ↻ ↻ ↻   ❄ ❄ ❄

Tagesform Hund:

	Start	Während Training	Am Ende
Aufregung	☺ 😐 ☹	☺ 😐 ☹	☺ 😐 ☹
Motivation	☺ 😐 ☹	☺ 😐 ☹	☺ 😐 ☹
Konzentration	☺ 😐 ☹	☺ 😐 ☹	☺ 😐 ☹

Tagesform Mensch

	Start	Während Training	Am Ende
Verfassung	☺ 😐 ☹	☺ 😐 ☹	☺ 😐 ☹
Motivation	☺ 😐 ☹	☺ 😐 ☹	☺ 😐 ☹
Konzentration	☺ 😐 ☹	☺ 😐 ☹	☺ 😐 ☹

Ablenkungen / Störungen:
_____
_____

Requisiten / Spielzeug:
_____
_____

Markersignal: ☐ Clicker   ☐ Markerwort

Belohnungen
_____
_____

Training erfolgreich?   ☺   😐   ☹

Datum: ---------- Hund: ---------- Ort: ----------

Uhrzeit: ---------- Trainingsdauer: -------- Min. ☐ innen ☐ außen

Tempertur: ---------- Aufwärmen: -------- ☐ Alleine ☐ Hundeschule

Wetter: Sonnig   Regnerisch   Windig   Schnee
                ☼ ☼ ☼   ☁ ☁ ☁   ༄ ༄ ༄   ❋ ❋ ❋

Tagesform Hund;	Start	Während Training	Am Ende
Aufregung	☺ 😐 ☹	☺ 😐 ☹	☺ 😐 ☹
Motivation	☺ 😐 ☹	☺ 😐 ☹	☺ 😐 ☹
Konzentration	☺ 😐 ☹	☺ 😐 ☹	☺ 😐 ☹

Tagesform Mensch			
Verfassung	☺ 😐 ☹	☺ 😐 ☹	☺ 😐 ☹
Motivation	☺ 😐 ☹	☺ 😐 ☹	☺ 😐 ☹
Konzentration	☺ 😐 ☹	☺ 😐 ☹	☺ 😐 ☹

Ablenkungen / Störungen:

Requisiten / Spielzeug:

Markersignal: ☐ Clicker   ☐ Markerwort

Belohnungen

Training erfolgreich?   ☺ 😐 ☹

Datum: ---------- Hund: ---------- Ort: ----------

Uhrzeit: _____   Trainingsdauer: _____ Min.   ☐ innen ☐ außen

Tempertur: _____   Aufwärmen: _____   ☐ Alleine ☐ Hundeschule

Wetter: Sonnig   Regnerisch   Windig   Schnee
                 ☀☀☀   ☁☁☁   🌀🌀🌀   ❄❄❄

Tagesform Hund:	Start	Während Training	Am Ende
Aufregung	☺ 😐 ☹	☺ 😐 ☹	☺ 😐 ☹
Motivation	☺ 😐 ☹	☺ 😐 ☹	☺ 😐 ☹
Konzentration	☺ 😐 ☹	☺ 😐 ☹	☺ 😐 ☹

Tagesform Mensch			
Verfassung	☺ 😐 ☹	☺ 😐 ☹	☺ 😐 ☹
Motivation	☺ 😐 ☹	☺ 😐 ☹	☺ 😐 ☹
Konzentration	☺ 😐 ☹	☺ 😐 ☹	☺ 😐 ☹

Ablenkungen / Störungen:

Requisiten / Spielzeug:

Markersignal: ☐ Clicker   ☐ Markerwort

Belohnungen

Training erfolgreich?   ☺ 😐 ☹

Datum: ---------- Hund: ---------- Ort: ----------

Uhrzeit: ---------- Trainingsdauer: -------- Min. ☐ innen ☐ außen

Tempertur: ---------- Aufwärmen: -------- ☐ Alleine ☐ Hundeschule

Wetter: Sonnig   Regnerisch   Windig   Schnee

Tagesform Hund:
	Start	Während Training	Am Ende
Aufregung	☺ 😐 ☹	☺ 😐 ☹	☺ 😐 ☹
Motivation	☺ 😐 ☹	☺ 😐 ☹	☺ 😐 ☹
Konzentration	☺ 😐 ☹	☺ 😐 ☹	☺ 😐 ☹

Tagesform Mensch
	Start	Während Training	Am Ende
Verfassung	☺ 😐 ☹	☺ 😐 ☹	☺ 😐 ☹
Motivation	☺ 😐 ☹	☺ 😐 ☹	☺ 😐 ☹
Konzentration	☺ 😐 ☹	☺ 😐 ☹	☺ 😐 ☹

Ablenkungen / Störungen:

Requisiten / Spielzeug:

Markersignal: ☐ Clicker   ☐ Markerwort

Belohnungen

Training erfolgreich?   ☺ 😐 ☹

Datum: .... Hund: .... Ort: ....

Uhrzeit: .... Trainingsdauer: .... Min. ☐ innen ☐ außen

Tempertur: .... Aufwärmen: .... ☐ Alleine ☐ Hundeschule

Wetter: Sonnig   Regnerisch   Windig   Schnee

Tagesform Hund:

	Start	Während Training	Am Ende
Aufregung	☺ 😐 ☹	☺ 😐 ☹	☺ 😐 ☹
Motivation	☺ 😐 ☹	☺ 😐 ☹	☺ 😐 ☹
Konzentration	☺ 😐 ☹	☺ 😐 ☹	☺ 😐 ☹

Tagesform Mensch

	Start	Während Training	Am Ende
Verfassung	☺ 😐 ☹	☺ 😐 ☹	☺ 😐 ☹
Motivation	☺ 😐 ☹	☺ 😐 ☹	☺ 😐 ☹
Konzentration	☺ 😐 ☹	☺ 😐 ☹	☺ 😐 ☹

Ablenkungen / Störungen:
....
....

Requisiten / Spielzeug:
....
....

Markersignal: ☐ Clicker   ☐ Markerwort

Belohnungen
....
....

Training erfolgreich?   ☺ 😐 ☹

Datum: .... Hund: .... Ort: ....

Uhrzeit: .... Trainingsdauer: .... Min. ☐ innen ☐ außen

Tempertur: .... Aufwärmen: .... ☐ Alleine ☐ Hundeschule

Wetter: Sonnig   Regnerisch   Windig   Schnee

Tagesform Hund:

	Start	Während Training	Am Ende
Aufregung	☺ 😐 ☹	☺ 😐 ☹	☺ 😐 ☹
Motivation	☺ 😐 ☹	☺ 😐 ☹	☺ 😐 ☹
Konzentration	☺ 😐 ☹	☺ 😐 ☹	☺ 😐 ☹

Tagesform Mensch

	Start	Während Training	Am Ende
Verfassung	☺ 😐 ☹	☺ 😐 ☹	☺ 😐 ☹
Motivation	☺ 😐 ☹	☺ 😐 ☹	☺ 😐 ☹
Konzentration	☺ 😐 ☹	☺ 😐 ☹	☺ 😐 ☹

Ablenkungen / Störungen:

Requisiten / Spielzeug:

Markersignal: ☐ Clicker   ☐ Markerwort

Belohnungen

Training erfolgreich?   ☺ 😐 ☹

Datum: .... Hund: .... Ort: ....

Uhrzeit: .... Trainingsdauer: .... Min. ☐ innen ☐ außen

Tempertur: .... Aufwärmen: .... ☐ Alleine ☐ Hundeschule

Wetter: Sonnig   Regnerisch   Windig   Schnee

Tagesform Hund:	Start	Während Training	Am Ende
Aufregung	☺ 😐 ☹	☺ 😐 ☹	☺ 😐 ☹
Motivation	☺ 😐 ☹	☺ 😐 ☹	☺ 😐 ☹
Konzentration	☺ 😐 ☹	☺ 😐 ☹	☺ 😐 ☹

Tagesform Mensch			
Verfassung	☺ 😐 ☹	☺ 😐 ☹	☺ 😐 ☹
Motivation	☺ 😐 ☹	☺ 😐 ☹	☺ 😐 ☹
Konzentration	☺ 😐 ☹	☺ 😐 ☹	☺ 😐 ☹

Ablenkungen / Störungen:
....
....

Requisiten / Spielzeug:
....
....

Markersignal: ☐ Clicker   ☐ Markerwort

Belohnungen
....
....

Training erfolgreich?   ☺ 😐 ☹

Datum: .... Hund: .... Ort: ....

Uhrzeit: .... Trainingsdauer: .... Min. ☐ innen ☐ außen

Tempertur: .... Aufwärmen: .... ☐ Alleine ☐ Hundeschule

Wetter: Sonnig   Regnerisch   Windig   Schnee

Tagesform Hund:

	Start	Während Training	Am Ende
Aufregung	☺ 😐 ☹	☺ 😐 ☹	☺ 😐 ☹
Motivation	☺ 😐 ☹	☺ 😐 ☹	☺ 😐 ☹
Konzentration	☺ 😐 ☹	☺ 😐 ☹	☺ 😐 ☹

Tagesform Mensch

	Start	Während Training	Am Ende
Verfassung	☺ 😐 ☹	☺ 😐 ☹	☺ 😐 ☹
Motivation	☺ 😐 ☹	☺ 😐 ☹	☺ 😐 ☹
Konzentration	☺ 😐 ☹	☺ 😐 ☹	☺ 😐 ☹

Ablenkungen / Störungen:

Requisiten / Spielzeug:

Markersignal: ☐ Clicker   ☐ Markerwort

Belohnungen

Training erfolgreich?   ☺ 😐 ☹

Datum: .... Hund: .... Ort: ....

Uhrzeit: .... Trainingsdauer: .... Min. ☐ innen ☐ außen

Tempertur: .... Aufwärmen: .... ☐ Alleine ☐ Hundeschule

Wetter: Sonnig   Regnerisch   Windig   Schnee
             ☀☀☀   🌧🌧🌧   🌀🌀🌀   ❄❄❄

Tagesform Hund: Start   Während Training   Am Ende
Aufregung   ☺😐☹   ☺😐☹   ☺😐☹
Motivation   ☺😐☹   ☺😐☹   ☺😐☹
Konzentration   ☺😐☹   ☺😐☹   ☺😐☹

Tagesform Mensch
Verfassung   ☺😐☹   ☺😐☹   ☺😐☹
Motivation   ☺😐☹   ☺😐☹   ☺😐☹
Konzentration   ☺😐☹   ☺😐☹   ☺😐☹

Ablenkungen / Störungen:
....
....

Requisiten / Spielzeug:
....
....

Markersignal: ☐ Clicker   ☐ Markerwort

Belohnungen
....
....

Training erfolgreich?   ☺ 😐 ☹

Datum: .... Hund: .... Ort: ....

Uhrzeit: .... Trainingsdauer: .... Min. ☐ innen ☐ außen

Temperatur: .... Aufwärmen: .... ☐ Alleine ☐ Hundeschule

Wetter: Sonnig   Regnerisch   Windig   Schnee

Tagesform Hund:

	Start	Während Training	Am Ende
Aufregung	☺ 😐 ☹	☺ 😐 ☹	☺ 😐 ☹
Motivation	☺ 😐 ☹	☺ 😐 ☹	☺ 😐 ☹
Konzentration	☺ 😐 ☹	☺ 😐 ☹	☺ 😐 ☹

Tagesform Mensch

	Start	Während Training	Am Ende
Verfassung	☺ 😐 ☹	☺ 😐 ☹	☺ 😐 ☹
Motivation	☺ 😐 ☹	☺ 😐 ☹	☺ 😐 ☹
Konzentration	☺ 😐 ☹	☺ 😐 ☹	☺ 😐 ☹

Ablenkungen / Störungen:

Requisiten / Spielzeug:

Markersignal: ☐ Clicker   ☐ Markerwort

Belohnungen

Training erfolgreich?   ☺ 😐 ☹

Datum: .... Hund: .... Ort: ....

Uhrzeit: .... Trainingsdauer: .... Min. ☐ innen ☐ außen

Tempertur: .... Aufwärmen: .... ☐ Alleine ☐ Hundeschule

Wetter: Sonnig   Regnerisch   Windig   Schnee

Tagesform Hund:	Start	Während Training	Am Ende
Aufregung	☺ 😐 ☹	☺ 😐 ☹	☺ 😐 ☹
Motivation	☺ 😐 ☹	☺ 😐 ☹	☺ 😐 ☹
Konzentration	☺ 😐 ☹	☺ 😐 ☹	☺ 😐 ☹

Tagesform Mensch

	Start	Während Training	Am Ende
Verfassung	☺ 😐 ☹	☺ 😐 ☹	☺ 😐 ☹
Motivation	☺ 😐 ☹	☺ 😐 ☹	☺ 😐 ☹
Konzentration	☺ 😐 ☹	☺ 😐 ☹	☺ 😐 ☹

Ablenkungen / Störungen:
....
....

Requisiten / Spielzeug:
....
....

Markersignal: ☐ Clicker   ☐ Markerwort

Belohnungen
....
....

Training erfolgreich?   ☺ 😐 ☹

Datum: ---------- Hund: ---------- Ort: ----------

Uhrzeit: ---------- Trainingsdauer: -------- Min. ☐ innen ☐ außen

Tempertur: ---------- Aufwärmen: -------- ☐ Alleine ☐ Hundeschule

Wetter: Sonnig   Regnerisch   Windig   Schnee
             ☼ ☼ ☼   ☁ ☁ ☁   ॐ ॐ ॐ   ❄ ❄ ❄

Tagesform Hund: Start   Während Training   Am Ende
Aufregung   ☺ 😐 ☹   ☺ 😐 ☹   ☺ 😐 ☹
Motivation   ☺ 😐 ☹   ☺ 😐 ☹   ☺ 😐 ☹
Konzentration   ☺ 😐 ☹   ☺ 😐 ☹   ☺ 😐 ☹

Tagesform Mensch
Verfassung   ☺ 😐 ☹   ☺ 😐 ☹   ☺ 😐 ☹
Motivation   ☺ 😐 ☹   ☺ 😐 ☹   ☺ 😐 ☹
Konzentration   ☺ 😐 ☹   ☺ 😐 ☹   ☺ 😐 ☹

Ablenkungen / Störungen:

Requisiten / Spielzeug:

Markersignal: ☐ Clicker   ☐ Markerwort

Belohnungen

Training erfolgreich?   ☺ 😐 ☹

Datum: .... Hund: .... Ort: ....

Uhrzeit: .... Trainingsdauer: .... Min. ☐ innen ☐ außen

Tempertur: .... Aufwärmen: .... ☐ Alleine ☐ Hundeschule

Wetter: Sonnig   Regnerisch   Windig   Schnee

Tagesform Hund:	Start	Während Training	Am Ende
Aufregung	☺ 😐 ☹	☺ 😐 ☹	☺ 😐 ☹
Motivation	☺ 😐 ☹	☺ 😐 ☹	☺ 😐 ☹
Konzentration	☺ 😐 ☹	☺ 😐 ☹	☺ 😐 ☹

Tagesform Mensch			
Verfassung	☺ 😐 ☹	☺ 😐 ☹	☺ 😐 ☹
Motivation	☺ 😐 ☹	☺ 😐 ☹	☺ 😐 ☹
Konzentration	☺ 😐 ☹	☺ 😐 ☹	☺ 😐 ☹

Ablenkungen / Störungen:
....
....

Requisiten / Spielzeug:
....
....

Markersignal: ☐ Clicker   ☐ Markerwort

Belohnungen
....
....

Training erfolgreich?   ☺ 😐 ☹

Datum: .... Hund: .... Ort: ....

Uhrzeit: .... Trainingsdauer: .... Min. ☐ innen ☐ außen

Tempertur: .... Aufwärmen: .... ☐ Alleine ☐ Hundeschule

Wetter: Sonnig   Regnerisch   Windig   Schnee

Tagesform Hund:	Start	Während Training	Am Ende
Aufregung	☺ 😐 ☹	☺ 😐 ☹	☺ 😐 ☹
Motivation	☺ 😐 ☹	☺ 😐 ☹	☺ 😐 ☹
Konzentration	☺ 😐 ☹	☺ 😐 ☹	☺ 😐 ☹

Tagesform Mensch			
Verfassung	☺ 😐 ☹	☺ 😐 ☹	☺ 😐 ☹
Motivation	☺ 😐 ☹	☺ 😐 ☹	☺ 😐 ☹
Konzentration	☺ 😐 ☹	☺ 😐 ☹	☺ 😐 ☹

Ablenkungen / Störungen:

Requisiten / Spielzeug:

Markersignal: ☐ Clicker   ☐ Markerwort

Belohnungen

Training erfolgreich?   ☺ 😐 ☹

Datum: ----------- Hund: ----------- Ort: -----------

Uhrzeit: ----------- Trainingsdauer: ------- Min. ☐ innen ☐ außen

Tempertur: ------- Aufwärmen: -------- ☐ Alleine ☐ Hundeschule

Wetter: Sonnig   Regnerisch   Windig   Schnee

Tagesform Hund:

	Start	Während Training	Am Ende
Aufregung	☺ 😐 ☹	☺ 😐 ☹	☺ 😐 ☹
Motivation	☺ 😐 ☹	☺ 😐 ☹	☺ 😐 ☹
Konzentration	☺ 😐 ☹	☺ 😐 ☹	☺ 😐 ☹

Tagesform Mensch

	Start	Während Training	Am Ende
Verfassung	☺ 😐 ☹	☺ 😐 ☹	☺ 😐 ☹
Motivation	☺ 😐 ☹	☺ 😐 ☹	☺ 😐 ☹
Konzentration	☺ 😐 ☹	☺ 😐 ☹	☺ 😐 ☹

Ablenkungen / Störungen:

Requisiten / Spielzeug:

Markersignal: ☐ Clicker   ☐ Markerwort

Belohnungen

Training erfolgreich?   ☺ 😐 ☹

Datum: .... Hund: .... Ort: ....

Uhrzeit: .... Trainingsdauer: .... Min. ☐ innen ☐ außen

Tempertur: .... Aufwärmen: .... ☐ Alleine ☐ Hundeschule

Wetter: Sonnig   Regnerisch   Windig   Schnee

Tagesform Hund:

	Start	Während Training	Am Ende
Aufregung	☺ 😐 ☹	☺ 😐 ☹	☺ 😐 ☹
Motivation	☺ 😐 ☹	☺ 😐 ☹	☺ 😐 ☹
Konzentration	☺ 😐 ☹	☺ 😐 ☹	☺ 😐 ☹

Tagesform Mensch

	Start	Während Training	Am Ende
Verfassung	☺ 😐 ☹	☺ 😐 ☹	☺ 😐 ☹
Motivation	☺ 😐 ☹	☺ 😐 ☹	☺ 😐 ☹
Konzentration	☺ 😐 ☹	☺ 😐 ☹	☺ 😐 ☹

Ablenkungen / Störungen:
....
....

Requisiten / Spielzeug:
....
....

Markersignal: ☐ Clicker   ☐ Markerwort

Belohnungen
....
....

Training erfolgreich?   ☺ 😐 ☹

Datum: .... Hund: .... Ort: ....

Uhrzeit: .... Trainingsdauer: .... Min. ☐ innen ☐ außen

Tempertur: .... Aufwärmen: .... ☐ Alleine ☐ Hundeschule

Wetter: Sonnig   Regnerisch   Windig   Schnee

Tagesform Hund:	Start	Während Training	Am Ende
Aufregung	☺ 😐 ☹	☺ 😐 ☹	☺ 😐 ☹
Motivation	☺ 😐 ☹	☺ 😐 ☹	☺ 😐 ☹
Konzentration	☺ 😐 ☹	☺ 😐 ☹	☺ 😐 ☹

Tagesform Mensch

Verfassung	☺ 😐 ☹	☺ 😐 ☹	☺ 😐 ☹
Motivation	☺ 😐 ☹	☺ 😐 ☹	☺ 😐 ☹
Konzentration	☺ 😐 ☹	☺ 😐 ☹	☺ 😐 ☹

Ablenkungen / Störungen:

Requisiten / Spielzeug:

Markersignal: ☐ Clicker   ☐ Markerwort

Belohnungen

Training erfolgreich?   ☺ 😐 ☹

Datum: .... Hund: .... Ort: ....

Uhrzeit: .... Trainingsdauer: .... Min. ☐ innen ☐ außen

Tempertur: .... Aufwärmen: .... ☐ Alleine ☐ Hundeschule

Wetter: Sonnig   Regnerisch   Windig   Schnee

Tagesform Hund:	Start	Während Training	Am Ende
Aufregung	☺ 😐 ☹	☺ 😐 ☹	☺ 😐 ☹
Motivation	☺ 😐 ☹	☺ 😐 ☹	☺ 😐 ☹
Konzentration	☺ 😐 ☹	☺ 😐 ☹	☺ 😐 ☹

Tagesform Mensch			
Verfassung	☺ 😐 ☹	☺ 😐 ☹	☺ 😐 ☹
Motivation	☺ 😐 ☹	☺ 😐 ☹	☺ 😐 ☹
Konzentration	☺ 😐 ☹	☺ 😐 ☹	☺ 😐 ☹

Ablenkungen / Störungen:
....
....

Requisiten / Spielzeug:
....
....

Markersignal: ☐ Clicker   ☐ Markerwort

Belohnungen
....
....

Training erfolgreich?   ☺ 😐 ☹

Datum: .... Hund: .... Ort: ....

Uhrzeit: .... Trainingsdauer: .... Min. ☐ innen ☐ außen

Tempertur: .... Aufwärmen: .... ☐ Alleine ☐ Hundeschule

Wetter: Sonnig   Regnerisch   Windig   Schnee

Tagesform Hund:

	Start	Während Training	Am Ende
Aufregung	☺ 😐 ☹	☺ 😐 ☹	☺ 😐 ☹
Motivation	☺ 😐 ☹	☺ 😐 ☹	☺ 😐 ☹
Konzentration	☺ 😐 ☹	☺ 😐 ☹	☺ 😐 ☹

Tagesform Mensch

	Start	Während Training	Am Ende
Verfassung	☺ 😐 ☹	☺ 😐 ☹	☺ 😐 ☹
Motivation	☺ 😐 ☹	☺ 😐 ☹	☺ 😐 ☹
Konzentration	☺ 😐 ☹	☺ 😐 ☹	☺ 😐 ☹

Ablenkungen / Störungen:
....
....

Requisiten / Spielzeug:
....
....

Markersignal: ☐ Clicker   ☐ Markerwort

Belohnungen
....
....

Training erfolgreich?   ☺ 😐 ☹

Datum: .... Hund: .... Ort: ....

Uhrzeit: .... Trainingsdauer: .... Min. ☐ innen ☐ außen

Tempertur: .... Aufwärmen: .... ☐ Alleine ☐ Hundeschule

Wetter: Sonnig   Regnerisch   Windig   Schnee

Tagesform Hund:	Start	Während Training	Am Ende
Aufregung	☺ 😐 ☹	☺ 😐 ☹	☺ 😐 ☹
Motivation	☺ 😐 ☹	☺ 😐 ☹	☺ 😐 ☹
Konzentration	☺ 😐 ☹	☺ 😐 ☹	☺ 😐 ☹

Tagesform Mensch			
Verfassung	☺ 😐 ☹	☺ 😐 ☹	☺ 😐 ☹
Motivation	☺ 😐 ☹	☺ 😐 ☹	☺ 😐 ☹
Konzentration	☺ 😐 ☹	☺ 😐 ☹	☺ 😐 ☹

Ablenkungen / Störungen:
....
....

Requisiten / Spielzeug:
....
....

Markersignal: ☐ Clicker   ☐ Markerwort

Belohnungen
....
....

Training erfolgreich?   ☺ 😐 ☹

Datum: .... Hund: .... Ort: ....

Uhrzeit: .... Trainingsdauer: .... Min. ☐ innen ☐ außen

Tempertur: .... Aufwärmen: .... ☐ Alleine ☐ Hundeschule

Wetter: Sonnig   Regnerisch   Windig   Schnee

Tagesform Hund:

	Start	Während Training	Am Ende
Aufregung	😊 😐 ☹	😊 😐 ☹	😊 😐 ☹
Motivation	😊 😐 ☹	😊 😐 ☹	😊 😐 ☹
Konzentration	😊 😐 ☹	😊 😐 ☹	😊 😐 ☹

Tagesform Mensch

	Start	Während Training	Am Ende
Verfassung	😊 😐 ☹	😊 😐 ☹	😊 😐 ☹
Motivation	😊 😐 ☹	😊 😐 ☹	😊 😐 ☹
Konzentration	😊 😐 ☹	😊 😐 ☹	😊 😐 ☹

Ablenkungen / Störungen:

Requisiten / Spielzeug:

Markersignal: ☐ Clicker   ☐ Markerwort

Belohnungen

Training erfolgreich?   😊 😐 ☹

Datum: .... Hund: .... Ort: ....

Uhrzeit: .... Trainingsdauer: .... Min. ☐ innen ☐ außen

Tempertur: .... Aufwärmen: .... ☐ Alleine ☐ Hundeschule

Wetter: Sonnig Regnerisch Windig Schnee

Tagesform Hund:	Start	Während Training	Am Ende
Aufregung	☺ 😐 ☹	☺ 😐 ☹	☺ 😐 ☹
Motivation	☺ 😐 ☹	☺ 😐 ☹	☺ 😐 ☹
Konzentration	☺ 😐 ☹	☺ 😐 ☹	☺ 😐 ☹

Tagesform Mensch			
Verfassung	☺ 😐 ☹	☺ 😐 ☹	☺ 😐 ☹
Motivation	☺ 😐 ☹	☺ 😐 ☹	☺ 😐 ☹
Konzentration	☺ 😐 ☹	☺ 😐 ☹	☺ 😐 ☹

Ablenkungen / Störungen:
....
....

Requisiten / Spielzeug:
....
....

Markersignal: ☐ Clicker ☐ Markerwort

Belohnungen
....
....

Training erfolgreich? ☺ 😐 ☹

Datum: .... Hund: .... Ort: ....

Uhrzeit: .... Trainingsdauer: .... Min. ☐ innen ☐ außen

Tempertur: .... Aufwärmen: .... ☐ Alleine ☐ Hundeschule

Wetter: Sonnig Regnerisch Windig Schnee

Tagesform Hund:

	Start	Während Training	Am Ende
Aufregung	☺ 😐 ☹	☺ 😐 ☹	☺ 😐 ☹
Motivation	☺ 😐 ☹	☺ 😐 ☹	☺ 😐 ☹
Konzentration	☺ 😐 ☹	☺ 😐 ☹	☺ 😐 ☹

Tagesform Mensch

	Start	Während Training	Am Ende
Verfassung	☺ 😐 ☹	☺ 😐 ☹	☺ 😐 ☹
Motivation	☺ 😐 ☹	☺ 😐 ☹	☺ 😐 ☹
Konzentration	☺ 😐 ☹	☺ 😐 ☹	☺ 😐 ☹

Ablenkungen / Störungen:
....
....

Requisiten / Spielzeug:
....
....

Markersignal: ☐ Clicker ☐ Markerwort

Belohnungen
....
....

Training erfolgreich? ☺ 😐 ☹

Datum: ----------- Hund: ----------- Ort: -----------

Uhrzeit: ----------- Trainingsdauer: ------- Min. ☐ innen ☐ außen

Tempertur: --------- Aufwärmen: -------- ☐ Alleine ☐ Hundeschule

Wetter: Sonnig   Regnerisch   Windig   Schnee
           ☼☼☼   ☁☁☁   ༄༄༄   ❄❄❄

Tagesform Hund:

	Start	Während Training	Am Ende
Aufregung	☺ 😐 ☹	☺ 😐 ☹	☺ 😐 ☹
Motivation	☺ 😐 ☹	☺ 😐 ☹	☺ 😐 ☹
Konzentration	☺ 😐 ☹	☺ 😐 ☹	☺ 😐 ☹

Tagesform Mensch

	Start	Während Training	Am Ende
Verfassung	☺ 😐 ☹	☺ 😐 ☹	☺ 😐 ☹
Motivation	☺ 😐 ☹	☺ 😐 ☹	☺ 😐 ☹
Konzentration	☺ 😐 ☹	☺ 😐 ☹	☺ 😐 ☹

Ablenkungen / Störungen:

Requisiten / Spielzeug:

Markersignal: ☐ Clicker   ☐ Markerwort

Belohnungen

Training erfolgreich?   ☺   😐   ☹

Datum: .... *Hund:* .... *Ort* ....

Uhrzeit: .... Trainingsdauer: .... Min. ☐ innen ☐ außen

Tempertur: .... Aufwärmen: .... ☐ Alleine ☐ Hundeschule

Wetter: Sonnig   Regnerisch   Windig   Schnee

Tagesform Hund	Start	Während Training	Am Ende
Aufregung	☺ 😐 ☹	☺ 😐 ☹	☺ 😐 ☹
Motivation	☺ 😐 ☹	☺ 😐 ☹	☺ 😐 ☹
Konzentration	☺ 😐 ☹	☺ 😐 ☹	☺ 😐 ☹

Tagesform Mensch			
Verfassung	☺ 😐 ☹	☺ 😐 ☹	☺ 😐 ☹
Motivation	☺ 😐 ☹	☺ 😐 ☹	☺ 😐 ☹
Konzentration	☺ 😐 ☹	☺ 😐 ☹	☺ 😐 ☹

Ablenkungen / Störungen:
....
....

Requisiten / Spielzeug:
....
....

Markersignal: ☐ Clicker   ☐ Markerwort

Belohnungen
....
....

Training erfolgreich?   ☺   😐   ☹

Datum: ---------- Hund: ---------- Ort: ----------

Uhrzeit: ---------- Trainingsdauer: ------- Min. ☐ innen ☐ außen

Tempertur: ---------- Aufwärmen: ---------- ☐ Alleine ☐ Hundeschule

Wetter: Sonnig   Regnerisch   Windig   Schnee

Tagesform Hund;

	Start	Während Training	Am Ende
Aufregung	☺ 😐 ☹	☺ 😐 ☹	☺ 😐 ☹
Motivation	☺ 😐 ☹	☺ 😐 ☹	☺ 😐 ☹
Konzentration	☺ 😐 ☹	☺ 😐 ☹	☺ 😐 ☹

Tagesform Mensch

	Start	Während Training	Am Ende
Verfassung	☺ 😐 ☹	☺ 😐 ☹	☺ 😐 ☹
Motivation	☺ 😐 ☹	☺ 😐 ☹	☺ 😐 ☹
Konzentration	☺ 😐 ☹	☺ 😐 ☹	☺ 😐 ☹

Ablenkungen / Störungen:

Requisiten / Spielzeug:

Markersignal: ☐ Clicker   ☐ Markerwort

Belohnungen

Training erfolgreich?   ☺ 😐 ☹

Datum: _____ Hund: _____ Ort: _____

Uhrzeit: _____ Trainingsdauer: _____ Min. ☐ innen ☐ außen

Tempertur: _____ Aufwärmen: _____ ☐ Alleine ☐ Hundeschule

Wetter: Sonnig   Regnerisch   Windig   Schnee
               ☼ ☼ ☼   ☁ ☁ ☁   ෴ ෴ ෴   ❄ ❄ ❄

Tagesform Hund:

	Start	Während Training	Am Ende
Aufregung	☺ 😐 ☹	☺ 😐 ☹	☺ 😐 ☹
Motivation	☺ 😐 ☹	☺ 😐 ☹	☺ 😐 ☹
Konzentration	☺ 😐 ☹	☺ 😐 ☹	☺ 😐 ☹

Tagesform Mensch

	Start	Während Training	Am Ende
Verfassung	☺ 😐 ☹	☺ 😐 ☹	☺ 😐 ☹
Motivation	☺ 😐 ☹	☺ 😐 ☹	☺ 😐 ☹
Konzentration	☺ 😐 ☹	☺ 😐 ☹	☺ 😐 ☹

Ablenkungen / Störungen:
_____
_____

Requisiten / Spielzeug:
_____
_____

Markersignal: ☐ Clicker   ☐ Markerwort

Belohnungen
_____
_____

Training erfolgreich?   ☺   😐   ☹

Datum: ---------- Hund: ---------- Ort: ----------

Uhrzeit: ---------- Trainingsdauer: ---------- Min. ☐ innen ☐ außen

Tempertur: ---------- Aufwärmen: ---------- ☐ Alleine ☐ Hundeschule

Wetter: Sonnig   Regnerisch   Windig   Schnee

Tagesform Hund:

	Start	Während Training	Am Ende
Aufregung	☺ 😐 ☹	☺ 😐 ☹	☺ 😐 ☹
Motivation	☺ 😐 ☹	☺ 😐 ☹	☺ 😐 ☹
Konzentration	☺ 😐 ☹	☺ 😐 ☹	☺ 😐 ☹

Tagesform Mensch

	Start	Während Training	Am Ende
Verfassung	☺ 😐 ☹	☺ 😐 ☹	☺ 😐 ☹
Motivation	☺ 😐 ☹	☺ 😐 ☹	☺ 😐 ☹
Konzentration	☺ 😐 ☹	☺ 😐 ☹	☺ 😐 ☹

Ablenkungen / Störungen:

Requisiten / Spielzeug:

Markersignal: ☐ Clicker ☐ Markerwort

Belohnungen

Training erfolgreich?   ☺ 😐 ☹

Datum: .... Hund: .... Ort: ....

Uhrzeit: .... Trainingsdauer: .... Min. ☐ innen ☐ außen

Tempertur: .... Aufwärmen: .... ☐ Alleine ☐ Hundeschule

Wetter: Sonnig   Regnerisch   Windig   Schnee

Tagesform Hund;	Start	Während Training	Am Ende
Aufregung	☺ 😐 ☹	☺ 😐 ☹	☺ 😐 ☹
Motivation	☺ 😐 ☹	☺ 😐 ☹	☺ 😐 ☹
Konzentration	☺ 😐 ☹	☺ 😐 ☹	☺ 😐 ☹

Tagesform Mensch			
Verfassung	☺ 😐 ☹	☺ 😐 ☹	☺ 😐 ☹
Motivation	☺ 😐 ☹	☺ 😐 ☹	☺ 😐 ☹
Konzentration	☺ 😐 ☹	☺ 😐 ☹	☺ 😐 ☹

Ablenkungen / Störungen:
....
....

Requisiten / Spielzeug:
....
....

Markersignal: ☐ Clicker   ☐ Markerwort

Belohnungen
....
....

Training erfolgreich?   ☺ 😐 ☹

Datum: .... Hund: .... Ort: ....

Uhrzeit: .... Trainingsdauer: .... Min. ☐ innen ☐ außen

Tempertur: .... Aufwärmen: .... ☐ Alleine ☐ Hundeschule

Wetter: Sonnig   Regnerisch   Windig   Schnee

Tagesform Hund:	Start	Während Training	Am Ende
Aufregung	☺ 😐 ☹	☺ 😐 ☹	☺ 😐 ☹
Motivation	☺ 😐 ☹	☺ 😐 ☹	☺ 😐 ☹
Konzentration	☺ 😐 ☹	☺ 😐 ☹	☺ 😐 ☹

Tagesform Mensch			
Verfassung	☺ 😐 ☹	☺ 😐 ☹	☺ 😐 ☹
Motivation	☺ 😐 ☹	☺ 😐 ☹	☺ 😐 ☹
Konzentration	☺ 😐 ☹	☺ 😐 ☹	☺ 😐 ☹

Ablenkungen / Störungen:
....
....

Requisiten / Spielzeug:
....
....

Markersignal: ☐ Clicker ☐ Markerwort

Belohnungen
....
....

Training erfolgreich?   ☺ 😐 ☹

Datum: ----------- Hund: ----------- Ort: -----------

Uhrzeit: ----------- Trainingsdauer: ------- Min. ☐ innen ☐ außen

Tempertur: --------- Aufwärmen: -------- ☐ Alleine ☐ Hundeschule

Wetter: Sonnig   Regnerisch   Windig   Schnee

Tagesform Hund:	Start	Während Training	Am Ende
Aufregung	☺ 😐 ☹	☺ 😐 ☹	☺ 😐 ☹
Motivation	☺ 😐 ☹	☺ 😐 ☹	☺ 😐 ☹
Konzentration	☺ 😐 ☹	☺ 😐 ☹	☺ 😐 ☹

Tagesform Mensch			
Verfassung	☺ 😐 ☹	☺ 😐 ☹	☺ 😐 ☹
Motivation	☺ 😐 ☹	☺ 😐 ☹	☺ 😐 ☹
Konzentration	☺ 😐 ☹	☺ 😐 ☹	☺ 😐 ☹

Ablenkungen / Störungen:

Requisiten / Spielzeug:

Markersignal: ☐ Clicker   ☐ Markerwort

Belohnungen

Training erfolgreich?   ☺ 😐 ☹

Datum: .... Hund: .... Ort: ....

Uhrzeit: .... Trainingsdauer: .... Min. ☐ innen ☐ außen

Tempertur: .... Aufwärmen: .... ☐ Alleine ☐ Hundeschule

Wetter: Sonnig   Regnerisch   Windig   Schnee

Tagesform Hund:	Start	Während Training	Am Ende
Aufregung	☺ 😐 ☹	☺ 😐 ☹	☺ 😐 ☹
Motivation	☺ 😐 ☹	☺ 😐 ☹	☺ 😐 ☹
Konzentration	☺ 😐 ☹	☺ 😐 ☹	☺ 😐 ☹

Tagesform Mensch			
Verfassung	☺ 😐 ☹	☺ 😐 ☹	☺ 😐 ☹
Motivation	☺ 😐 ☹	☺ 😐 ☹	☺ 😐 ☹
Konzentration	☺ 😐 ☹	☺ 😐 ☹	☺ 😐 ☹

Ablenkungen / Störungen:

Requisiten / Spielzeug:

Markersignal: ☐ Clicker   ☐ Markerwort

Belohnungen

Training erfolgreich?   ☺ 😐 ☹

Datum: ----------- Hund: ----------- Ort: -----------

Uhrzeit: _____ Trainingsdauer: _____ Min. ☐ innen ☐ außen

Tempertur: _____ Aufwärmen: _____ ☐ Alleine ☐ Hundeschule

Wetter: Sonnig   Regnerisch   Windig   Schnee

Tagesform Hund:

	Start	Während Training	Am Ende
Aufregung	☺ 😐 ☹	☺ 😐 ☹	☺ 😐 ☹
Motivation	☺ 😐 ☹	☺ 😐 ☹	☺ 😐 ☹
Konzentration	☺ 😐 ☹	☺ 😐 ☹	☺ 😐 ☹

Tagesform Mensch

	Start	Während Training	Am Ende
Verfassung	☺ 😐 ☹	☺ 😐 ☹	☺ 😐 ☹
Motivation	☺ 😐 ☹	☺ 😐 ☹	☺ 😐 ☹
Konzentration	☺ 😐 ☹	☺ 😐 ☹	☺ 😐 ☹

Ablenkungen / Störungen:

Requisiten / Spielzeug:

Markersignal: ☐ Clicker   ☐ Markerwort

Belohnungen

Training erfolgreich?   ☺   😐   ☹

Datum: .... Hund: .... Ort: ....

Uhrzeit: .... Trainingsdauer: .... Min. ☐ innen ☐ außen

Tempertur: .... Aufwärmen: .... ☐ Alleine ☐ Hundeschule

Wetter: Sonnig   Regnerisch   Windig   Schnee

Tagesform Hund;	Start	Während Training	Am Ende
Aufregung	☺ 😐 ☹	☺ 😐 ☹	☺ 😐 ☹
Motivation	☺ 😐 ☹	☺ 😐 ☹	☺ 😐 ☹
Konzentration	☺ 😐 ☹	☺ 😐 ☹	☺ 😐 ☹

Tagesform Mensch			
Verfassung	☺ 😐 ☹	☺ 😐 ☹	☺ 😐 ☹
Motivation	☺ 😐 ☹	☺ 😐 ☹	☺ 😐 ☹
Konzentration	☺ 😐 ☹	☺ 😐 ☹	☺ 😐 ☹

Ablenkungen / Störungen:
....
....

Requisiten / Spielzeug:
....
....

Markersignal: ☐ Clicker   ☐ Markerwort

Belohnungen
....
....

Training erfolgreich?   ☺ 😐 ☹

Datum: .... Hund: .... Ort: ....

Uhrzeit: .... Trainingsdauer: .... Min. ☐ innen ☐ außen

Tempertur: .... Aufwärmen: .... ☐ Alleine ☐ Hundeschule

Wetter: Sonnig Regnerisch Windig Schnee

Tagesform Hund:	Start	Während Training	Am Ende
Aufregung	☺ 😐 ☹	☺ 😐 ☹	☺ 😐 ☹
Motivation	☺ 😐 ☹	☺ 😐 ☹	☺ 😐 ☹
Konzentration	☺ 😐 ☹	☺ 😐 ☹	☺ 😐 ☹

Tagesform Mensch			
Verfassung	☺ 😐 ☹	☺ 😐 ☹	☺ 😐 ☹
Motivation	☺ 😐 ☹	☺ 😐 ☹	☺ 😐 ☹
Konzentration	☺ 😐 ☹	☺ 😐 ☹	☺ 😐 ☹

Ablenkungen / Störungen:

Requisiten / Spielzeug:

Markersignal: ☐ Clicker ☐ Markerwort

Belohnungen

Training erfolgreich?   ☺ 😐 ☹

Printed in Germany
by Amazon Distribution
GmbH, Leipzig